BIBLIOGRAPHIE OTTOMANE.

NOTICE

DES

LIVRES TURCS, ARABES ET PERSANS

IMPRIMÉS À CONSTANTINOPLE

DURANT LA PÉRIODE 1299-1301 DE L'HÉGIRE (1882-1884),

PAR

M. CLÉMENT HUART.

EXTRAIT DU JOURNAL ASIATIQUE.

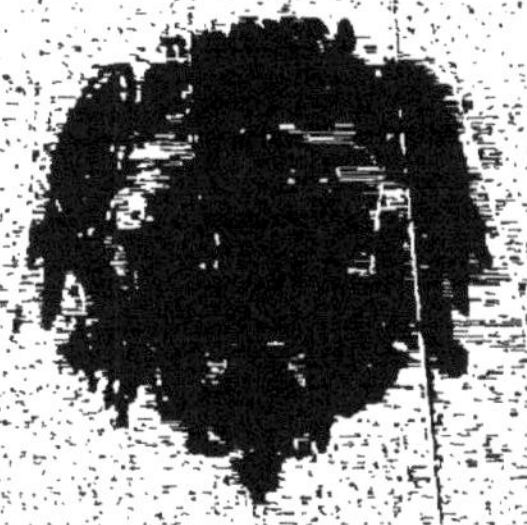

PARIS.
IMPRIMERIE NATIONALE.

M DCCC LXXXV.

BIBLIOGRAPHIE OTTOMANE.

NOTICE

DES

LIVRES TURCS, ARABES ET PERSANS

IMPRIMÉS À CONSTANTINOPLE

DURANT LA PÉRIODE 1299-1301 DE L'HÉGIRE (1882-1884).

PARIS,

ERNEST LEROUX, LIBRAIRE-ÉDITEUR,

RUE BONAPARTE, 28.

BIBLIOGRAPHIE OTTOMANE.

NOTICE

DES

LIVRES TURCS, ARABES ET PERSANS

IMPRIMÉS À CONSTANTINOPLE

DURANT LA PÉRIODE 1299-1301 DE L'HÉGIRE (1882-1884),

PAR

M. CLÉMENT HUART.

EXTRAIT DU JOURNAL ASIATIQUE.

PARIS.

IMPRIMERIE NATIONALE.

M DCCC LXXXV.

BIBLIOGRAPHIE OTTOMANE.

NOTICE

DES

LIVRES TURCS, ARABES ET PERSANS

IMPRIMÉS À CONSTANTINOPLE

DURANT LA PÉRIODE 1299-1301 DE L'HÉGIRE (1882-1884).

Trois années se sont écoulées depuis que notre dernière notice[1] mettait le lecteur au courant des publications orientales parues à Constantinople, trois années de tranquillité extérieure et de travail sérieux. L'activité imprimée par une volonté supérieure, par malheur trop souvent impuissante contre l'apathie et la routine, à certaines branches de l'administration ottomane, s'est étendue au domaine de l'instruction publique, si longtemps négligée par les successeurs d'Osman. Des écoles primaires et *ruchdiyé*[2] en grand nombre se sont ouvertes sur toute la surface de l'empire. Il y a eu vrai-

[1] *Journal asiatique*, février-mars 1882, p. 164.

[2] Écoles secondaires, destinées aux élèves un peu plus âgés que ceux des écoles primaires, mais dont le programme atteint à peine celui de nos écoles primaires supérieures.

ment un grand effort fait dans ce sens, et s'il n'a pu s'étendre davantage, si des établissements d'instruction secondaire, comme le lycée impérial de Galata-Séraï, n'ont pas encore été créés dans les chefs-lieux des provinces les plus importantes, c'est que la vie intellectuelle de la Turquie est encore confinée dans la capitale, qui attire à elle toutes les capacités, toutes les intelligences de l'empire des sultans. On trouvera cependant plus loin, en feuilletant ce catalogue, des traces de louables tentatives de décentralisation; beaucoup de grandes villes ont au moins une imprimerie, celle du journal officiel du *vilayet* [1], et l'on a pu songer à utiliser ce rudiment d'industrie pour imprimer certains ouvrages, malheureusement en fort petit nombre, sortis de la plume de quelques employés supérieurs des bureaux.

A Constantinople même, nous avons à signaler avec le plus grand plaisir de grands progrès accomplis dans le travail de l'impression. Trop longtemps les presses turques n'ont fourni à leurs lecteurs d'Orient, comme aux érudits d'Europe, que de pauvres éditions en caractères gras, mal nettoyés, peu cohérents entre eux, qui mettaient au désespoir les étudiants de nos écoles. Notre dernière notice avait déjà signalé les progrès réalisés par l'imprimerie du journal arabe *El-Djéváïb* (qui a d'ailleurs cessé momentanément de paraître), dirigée par Sélim-Éfendi Fârès, le fils d'un patriarche des lettres orientales bien connu parmi nous, Fârès es-Chidiaq; nous indiquerons aujourd'hui deux établissements du même genre, qui sont parvenus à produire des œuvres typographiques élégantes, nettes et correctes. C'est d'abord l'imprimerie d'*'Osmaniyyèh*, ainsi appelée du nom de son fondateur et propriétaire, S. Exc. 'Osman-bey, premier chambellan du sultan. Établie à Stamboul, en face du mausolée de sultan Mahmoud II, sa spécialité la plus remarquable paraît être la reproduction, par la photogravure, de beaux manuscrits de

[1] Voir le tableau que nous en avons donné dans le *Journal asiatique*, février-mars 188[illegible], p. 168.

nos mosquées, comme le commentaire de Béïdhâwî (ci-après, n° 13) et le texte du Qorân (n° 60)[1]. Ensuite vient l'imprimerie établie à Galata par Abou 'r-Riyâ Tevfiq-bey, d'où sont sorties de jolies éditions (quelques-unes en deux couleurs), comme le *Zemzèmeh* d'Ekrem-bey (n° 153), le catalogue de la librairie d'Arakel-Éfendi (n° 258), etc.

À propos de ce dernier ouvrage, signalons une louable tendance, la plus digne d'encouragements, chez un petit nombre d'éditeurs, celle de faire connaître les ouvrages qu'ils publient, au lieu de les tenir cachés, comme par le passé, dans la plus profonde obscurité. Au commencement de la présente année, l'imprimerie de l'*El-Djévâïb* a fait paraître, sous forme de brochure, un *Catalogue des livres arabes, turcs et persans*[2] qu'elle a édités ou dont elle est dépositaire. Plus récemment, le libraire Arakel-Éfendi a donné la liste des ouvrages qu'il met en vente, dans un volume de deux cent soixante-douze pages qui a la prétention d'être un catalogue raisonné et où, par malchance, manquent certains détails qui auraient pour nous quelque prix, tels que la date de la publication, etc. Les renseignements précis accumulés par Toderini, Eichhorn, de Hammer, Bianchi et Belin auraient pu être très utiles à la confection d'un ouvrage de ce genre, mais notre bibliographe improvisé ignore jusqu'à l'existence de ces consciencieux travaux.

Le nombre de livres dont la présente notice contient l'indication est de beaucoup supérieur à celui des périodes précédentes[3]. Il le serait encore plus, sans doute, si les imprimeries n'étaient pas soumises à un règlement draconien qui exige l'autorisation préalable de la censure; en vertu de la loi

[1] Voyez un article du *Journal de Constantinople*, n° du 19 mai 1883.

[2] Une seconde édition a paru en septembre 1884.

[3] La Commission du *Journal asiatique* a cru devoir supprimer l'indication d'une vingtaine d'ouvrages qui ne sont qu'une plate traduction de romans français en vogue. Pas un de nos lecteurs ne regrettera cette élimination dans la liste recueillie avec tant de soin et de persévérance par notre savant collaborateur. (B.-M.)

qui régit la matière et qui remonte à 1857[1], aucun livre, aucune brochure ne peut paraître sans l'approbation du ministère de l'instruction publique. La censure est parfois sévère, et ce système de compression empêche la littérature ottomane de se développer, paralyse les meilleures volontés et annihile bien des efforts de l'initiative personnelle.

Péra, novembre 1884.

I. THÉOLOGIE, SCIENCES RELIGIEUSES, LÉGISLATION.

1. أبنية الاسلام « L'édifice de l'islamisme », d'après les traditions du prophète, par le chéïkh ʿAbd-ech-Chakour Rahmân-ʿAli-Khân, du Bendelkend (Hindoustan). Imprimerie du journal *El-Djévâïb*. 1299. Distribué gratuitement aux frais de l'auteur.

2. أحكام الاراضى « Droit des propriétés rurales », par Eumer Hilmi-Éfendi, fils d'Abdur-Rahmân-Éfendi de Qarîn-âbâd, délégué pour la jurisprudence religieuse auprès de l'administration impériale du cadastre. Chez Hadji Moharrem, au bazar des papetiers. 1301.

Deuxième édition, revue et augmentée de la solution de questions importantes, et contenant l'ouvrage du même auteur intitulé أحكام مرغوبه, sur lequel on peut consulter une

[1] Aristarchi-bey, *Législation ottomane*, t. III, p. 318; confirmée par une notification officielle sans date, *idem opus*, t. V, p. 237. Comparez J.-H. Mordtmann, *Wissenschaftlicher Jahresbericht über die Morgenländischen Studien*, p. 200. Nous saisirons cette occasion de remercier ici notre savant collègue, de la façon bienveillante dont il a annoncé la publication de notre première notice (*Ibid.* p. 206), en l'assurant que nous avons tenu compte, autant que possible, de ses judicieuses critiques.

de nos précédentes notices, dans ce recueil, octobre-décembre 1880, p. 414, n° 1.

3. اختراع براتی قانونی « Loi de brevet d'invention (*sic*) », règlement sur les brevets d'invention en Turquie, texte turc avec la traduction française en regard, à deux colonnes. Grand in-8°, 24 pages. Imprimerie *ʿosmaniyyé*. 1300.

4. أصول محاكمت جزائيه قانوننك شرحى « Commentaire sur le code d'instruction criminelle », par Ṭalʿat et Yorghaki, substituts du procureur général près la Cour de cassation. Paru en variétés dans le journal *Terdjumân-i-Haqîqat*. 1301.

5. أصول محاكمات جزائيه قانونى شرحى « Commentaire sur le code d'instruction criminelle », commentaire perpétuel, phrase par phrase; modèles d'actes judiciaires, etc., par Mahmoud Nédîm-Éfendi, ex-procureur général près la Cour d'appel du *vilâyet* de Diarbékir. Chez Arakel-Éfendi. 1301. Paraît en fascicules de 16 pages; prix de chacun : 50 paras (sauf le premier, qui est double, à 100 paras).

6. شرحلى أصول محاكمات جزائيه « Le code d'instruction criminelle commenté », par Zia-bey, greffier du tribunal correctionnel. Chez Qarabet-Éfendi. 1301. Prix : 10 piastres.

7. برهان حقيقت « La preuve de la vérité », leçons sur les dogmes fondamentaux de l'islamisme, par Mouçtafa Chevket, général de brigade d'infanterie et sous-directeur de la gendarmerie au ministère de la

guerre. En trois fascicules de 36 pages chacun. Imprimerie Mihrân. 1299. Prix de chaque fascicule : 3 piastres.

8. تجارت قانونی شرحی «Commentaire sur le code de commerce», section des faillites, par Sâbit (ثابت) Éfendi, élève de l'école de droit, d'après les notes fournies par Son Exc. Hasan Fehmi-pacha, ministre des travaux publics (aujourd'hui de la justice). 1301.

9. تحقیقات ابتدائیه «Les enquêtes préliminaires», instructions sur les premières constatations, interrogatoires sommaires, etc. en droit criminel, par ʿÂrif-bey, président de la section correctionnelle de la Cour d'appel de Janina. Chez Sérâfîm-Éfendi. Imprimerie Mahmoud-bey. 1300. Prix : 20 piastres.

10. ترجمهٔ نصیحة الحکماء «Traduction des *Conseils aux Sages*», par la dame Fâtima Mèbrouké-Hanum. Imprimerie Mahmoud-bey. 1301. Prix : 100 paras.

11. تعرفهٔ صك قوانین احکام عدلیه «Formulaire des lois appliquées par les tribunaux de la réforme», formulaire rédigé d'après les auteurs français, traitant de l'application pratique des codes de procédure civile et d'instruction criminelle, etc., par Talʿat-Éfendi, élève de l'école impériale de droit. Imprimerie Mihrân. 1301.

12. تفسیر الخازن الجلیل «Commentaire du Qorân», par le chéïkh ʿAla-eddîn Ali ben Mohammed, connu sous le nom de *Khâzin*. Le Caire, imprimerie de

l'université d'El-Azhar. 1299. 1er volume; prix : 60 piastres égyptiennes.

Cet ouvrage porte le titre de لباب التأويل «La moëlle de l'interprétation» (Hadji-khalfa, t. V, p. 298, n° 11039). — Sur les marges, on a imprimé un autre commentaire, le مدارك التنزيل «Le moyen de parvenir à la révélation», de Nésifi.

13. تفسير القاضي البيضاوي «Commentaire du Qorân», par le cadi Béïdhâwî, reproduction de l'*Anwâr et-Tanzîl* par des procédés photographiques, d'après un manuscrit des bibliothèques de Constantinople choisi pour la beauté de son écriture. Imprimerie ʿ*osmaniyyé*. 1299.

Sur ce célèbre commentaire, voyez Hadji-khalfa, éd. Flügel, t. I, p. 469, n° 1402; cf. Zenker, t. I, p. 173, n° 1407. — Sur les marges de la nouvelle édition sont reproduits le commentaire dit des *deux Djélâl* (Djélâl-eddîn Mahalli et Djélâl-eddîn Soyoûti; Hadji-khalfa, t. II, p. 358, n° 3251) et celui d'Ibn-ʿAbbâs (Hadji-khalfa, t. II, p. 348, n° 3175).

14. تفصيل «Exposition détaillée», commentaire sur les principes du droit ottoman exposés au commencement du nouveau code civil connu sous le nom de *Medjellé*, par Suléïmân Hasbi-Éfendi, ancien mufti de Prawista (près de Cavalla, sandjaq de Sérès, en Turquie d'Europe) et caïmacam d'Aïntâb (*vilayet* d'Alep). Imprimerie ʿosmaniyyé. 1299. In-8°, 258 pages. Prix : 6 piastres.

Voyez sur la matière traitée dans cet ouvrage, un article de la *Revue critique d'histoire et de littérature*, numéro du 16 janvier 1882, p. 50 et suiv.

15. تلخيص حقوق دول « Abrégé du droit international », par Son Exc. Hasan Fehmi-pacha, ministre des travaux publics (aujourd'hui de la justice). Cours professé à l'école de droit. 1301.

16. تهافت التهافت « La destruction de la *Destruction* », réfutation des doctrines des philosophes et de leurs attaques contre la religion musulmane, par Khodja-Zâdè Borsévi, publiée par les soins d'Aslan-Éfendi Castelli. Imprimerie *Chérifiyyé*, au Caire. 1299.

Ouvrage composé, sur l'ordre du sultan Mahomet II, par Mouçtafa ben Yousouf, de Brousse, surnommé Khodja-zâdè, dans l'espace de quatre mois. Il porte le même titre que la fameuse réfutation, par Ibn Rochd, du *Téhâfut el-félâsifèh*, de Ghazzâli. Voyez des détails curieux dans Hadji-khalfa, t. II, p. 475 et suivantes; et comparez E. Renan, *Averroès et l'averroïsme*, p. 49.

17. جريدهٔ محاكم فهرستى « Table des matières de la *Gazette des tribunaux* », pour faire suite à l'ouvrage intitulé رهبر قوانين (voyez plus loin, n° 26). Contient l'indication des circulaires, des jugements en matière pénale, etc., publiés dans ce recueil, du n° 1 au n° 240. A la Librairie ottomane. 1301.

18. حسن الأسوة بما ثبت من الله ورسوله في النسوة « Le beau soutien, en ce qui concerne les paroles authentiques de Dieu et de son prophète sur les femmes », par le séïd Mohammed Çadiq Hasan Khan, nabab de Bhopal. Imprimerie de l'*El-Djévâib*. 1301.

19. خلاصة الأحاديث « Quintessence des traditions

du Prophète », abrégé du traité de Qorṭobi, par ʿAbd-el-Wahhâb Chaʿrâni. Imprimerie de Boulaq. 1300.

Le traité de Chems-eddîn Maḥmoud ben Aḥmed ben Faraḥ de Cordoue, connu sous le titre de *Tezkiret el-Qorṭobi* (Hadji-khalfa, t. II, p. 266, n° 2840), est surtout relatif à l'eschatologie musulmane.

20. خلاصة الفرائض « Traité abrégé du partage des successions », en vers, contenant le texte de la *Sérâdjiyyé* et son commentaire. Le Caire, imprimerie d'Aslan-Éfendi Castelli. 1300. Prix : 6 piastres égyptiennes.

La *Sérâdjiyyé*, ouvrage classique sur la science du partage des héritages, s'appelle aussi *Férâïdh es-Sédjâwendî*, du nom de son auteur Sirâdj-eddîn Moḥammed Sédjâwendî. Sur ses nombreux commentaires, voyez Hadji-khalfa, t. IV, p. 399, n° 8984. — Dans cette édition, le texte est suivi du commentaire de la *Moqarrabé*, pièce de vers sur le même sujet, et des tableaux des degrés de parenté d'Ibn el-Hâïm, d'Ibn ʿOrfa le Tunisien, et d'El-Azhari.

21. خلاصة مبادئ قانون جزا « Quintessence des principes du code pénal », explication en langage ordinaire des éléments du droit criminel, par Simon-Éfendi Ṭinghîr, avocat. 1299. Prix : 1/4 de medjidié.

22. خير القلائد فى شرح جواهر العقائد « Le meilleur des colliers, commentaire sur l'ouvrage intitulé : *Joyaux des articles de foi* », glose sur une ode rimée en *noûn* d'ʿOsmân-Éfendi ʿUryâni Guélisî, par S. A. Aḥmed Esʿad-Éfendi, chéïkh-ul-islam, son petit-fils. Chez Esʿad-Éfendi. 1299. Prix : 10 piastres.

23. درر الحكام فى شرح غرر الأحكام « Les perles des

juges, commentaire sur l'ouvrage intitulé : *Les jugements éclatants* », traité de jurisprudence religieuse. Sur les marges est imprimé le traité intitulé : غنية ذوى الأحكام فى بغية درر الأحكام « ce qui suffit aux juges touchant les *desiderata* des *Perles des jugements* », par feu Chérenbélâli. En deux volumes, qui paraissent par fascicules. Imprimerie d'Es'ad-Éfendi. 1300. Prix des deux volumes reliés : une demi-livre turque.

Réimpression de l'édition déjà publiée au Caire par l'imprimerie *Wehbiyyè*. L'auteur de ce traité de droit hanéfite est le molla Moḥammed ben Férâmerz, connu sous le nom de *Monla Khosrev* et qui vivait au xve siècle de notre ère. Voyez Hammer, *Histoire de l'Empire ottoman*, t. III, p. 289 de l'édition in-8°; Mouradjea d'Ohsson, *Tableau de l'Empire ottoman*, t. I, p. 21 et 22; Hadji-khalfa, t. IV, p. 312, n° 8579, et t. III, p. 215, n° 4993. — Sur les Annotations marginales de Chérenbélâli, cf. Hadji-khalfa, t. IV, p. 317. — Il a paru également une édition sans texte sur les marges.

24. دستور « La règle », recueil des lois et règlements en vigueur dans l'Empire ottoman. Réimpression du 4e volume. — 2e appendice, formant le 6e volume du recueil. — 3e appendice, formant le 7e volume. — Imprimerie Maḥmoud-Éfendi. 1299-1300.

Voyez *Bibliographie ottomane*, dans le *Journal asiatique* de 1882, n°s 8 et 9.

25. رسالۀ عقائد الإسلام « Traité des dogmes de l'islamisme », démonstration de l'unité de Dieu, de la prophétie, etc. Chez Djélîl-aga. 1300. Prix : 10 piastres.

26. رسم تمغا قانونی « Loi sur la perception du droit de timbre », accompagnée de sa traduction en français. 1300.

27. رهبر قوانين « Le guide des lois », table raisonnée des matières contenues dans les quatre volumes du *Destour* ou Recueil des lois et règlements ottomans, par ʿAbd-ur-Raḥmân Ḥaqqî-Éfendi, greffier à la section civile de la Cour d'appel de Constantinople. Imprimerie Mihrân. 1300.

28. رهبر مصالح عدليه « Le guide des affaires judiciaires », donnant, d'après les lois, les solutions probables des procès et des actions litigieuses. Imprimerie Mihrân. 1301. Prix : 12 piastres.

29. رهبر نجات « Le guide du salut », paru par livraisons. Tome II, 1299, prix : 18 piastres. Tome III, 1300 ; prix : 10 piastres. Chez Esʿad-Éfendi.

Pour le tome I, voyez *Bibliographie ottomane*, 1882, n° 12.

30. زبدة الأجوبة من المجلة للاحكام العدليه (*sic*) « Quintessence des réponses, au sujet du code civil », par Ahmed Luṭfî-Éfendi, président du tribunal de commerce de Sérès. 1er fascicule. Chez le libraire Chéïkh ʿAbdullah Chukri-Éfendi, au bazar des graveurs, à Stamboul. Prix : 6 piastres.

31. شرح عقائد ترجمسی « Traduction turque du commentaire des *ʿAqâʾid* ou traité des dogmes musulmans », par Son Exc. Sirri-pacha, gouverneur-général de la province de Trébizonde. 2e vol. 4e partie. 1301.

32. شرح قانون تجارت «Commentaire sur le code de commerce», par Son Exc. Vahan-Éfendi, sous-secrétaire d'État au ministère de la justice. 1299. Prix : 6 piastres.

33. شرح قانون تجارت «Commentaire sur le code de commerce», section des faillites, par Costaki-Éfendi Alexiadis, élève de l'école impériale de droit. Chez Sérâfim-Éfendi. Imprimerie Mahmoud-bey. 1301. Prix : 15 piastres.

34. شرح قانون جزا «Commentaire sur le code pénal», par Simon-Éfendi Tinghir. Réimpression en un seul volume. 1299. Prix : 25 piastres.

Cf. *Bibliographie ottomane*, 1880, n° 25, et 1882, n° 19.

35. شرح مجلّه «Commentaire sur le code civil», traduit en arabe par le Dr Élias Maṭar, professeur d'hygiène à l'école impériale *mulkiyyé* (d'administration). Chez Sérâfim-Éfendi. 1299. Prix : 17 piastres.

36. شمائل شريف «Les vertus du prophète», traduit de l'arabe par Éyyoub Çabri-bey, directeur des écoles secondaires de la marine. 1299.

L'original est probablement le *Chémâ'il en-Nébi* de l'imam Abou-ʿÎsa Mohammed ben Sama, souvent commenté et traduit (Hadji-khalfa, t. IV, p. 70, n° 7640).

37. عسكری جزا قانوننامهٔ همايونی «Code pénal militaire» pour les troupes impériales ottomanes; nouvelle édition. Chez Qarabet-agha. 1300. Imprimerie de l'École militaire.

38. عقائد الإسلام «Les dogmes de la foi musul-

mane », exposé des principes de l'islamisme, en turc, par Ibrâhîm Nâṭiqi-Éfendi, membre du Conseil des investigations légales تدقيقات شرعية. Se trouve à la librairie de l'instruction publique, près du *turbé* du sultan Maḥmoud. 1300. Prix : 10 piastres.

39. علم الدين « La science de l'islamisme », Vol. II et III. Le Caire. 1299.

40. عمدة الإسلام « L'appui de l'islamisme », catéchisme musulman, demandes et réponses, à l'usage des écoles; par Midhat-Éfendi, rédacteur au conseil d'administration de la Direction de l'impôt foncier. 2e et 3e édition. A la librairie de Stamboul. Imprimerie Mahmoud-bey. 1300-1301.

41. فتاوى « Recueil de décisions juridiques (*fetva*) » des tribunaux du *chérî*, publié par ordre de S. A. le chéïkh-ul-Islam. Chez Es'ad-Éfendi. 1300.

Sur les points de jurisprudence qui ne sont pas traités dans les livres spéciaux de doctrine, choisis et recueillis par une commission spéciale.

42. فتح البارى بشرح البخارى « Révélation du Créateur touchant le commentaire du *Recueil des traditions* de Bokhârî », par Abou'l-Fadhl Ahmed ben 'Ali ben Ḥadjar El-'Asqalânî; précédé de l'ouvrage intitulé : خلاصة تذهيب تهذيب الكمال فى أسماء الرجال « Abrégé du livre de *l'Aurification appliquée* au Tehzîb el-kémâl, sur les noms propres d'hommes (surtout des traditionnistes) », par feu Çafi-uddin Ahmed ben 'Abdallah ben Abi'l-Khaïr el-Khazradji el-Ançârî

es-Sa'îdi. Publié à Boulaq aux frais du nabab de Bhopal (Çadîq Hasan Khan). 1300.

Sur le premier de ces ouvrages, voyez Hadji-khalfa, t. II, p. 525. — Sur le second, le *Tezhîb tehzîb el-kémâl* de Dhéhébi, le *Tehzîb el-kémâl* de Yousouf Mezzi, et enfin le prototype de ces traités, le *Kémâl* de Nedjdjâr Baghdâdi, cf. Hadji-khalfa, t. V, p. 240 et suivantes.

43. فتح البيان فى مقاصد القرآن « Révélation de l'exposition claire, au sujet du but du Qorân », commentaire du Livre sacré, par le nabab Mohammed Çadîq Hasan Khân Bahâdour, prince de Bhopal. Boulaq, imprimerie vice-royale. 1300.

Avec le commentaire d'Ibn-Khéthir sur les marges. Sur ce dernier, voyez Hadji-khalfa, t. II, p. 349, n° 3185.

44. فرائد الفرائض « Les questions singulières du partage des héritages », par Es'ad-Éfendi, avocat; traité complet sur ce sujet. Chez Arakel-Éfendi. 1301. Prix : relié, 25 piastres.

45. قريمى زاده مجموعه سى « Le recueil de Qyrymi-zâdèh », exposé de la doctrine religieuse à l'égard du code pénal, par feu Qyrymi-Zâdèh Aḥmed Réchîd-Éfendi. Avec les approbations du Chéïkh-ul-Islâm Ḥasan Fehmi-Éfendi et de Khalîl-Éfendi. Chez Arakel-agha. 1300. Prix : 20 piastres.

46. كتاب الأحكام السلطانية « Le livre des statuts impériaux », par le grand cadi Abou'l-Hasan 'Âli ben Mohammed el-Mâwerdi. Le Caire, imprimerie du journal *Waṭan*. 1299.

Sur cet ouvage du célèbre jurisconsulte châfi'ite, voyez

Hadji Khalfa, t. I, p. 171, n° 150; Ibn Khallikan, *Biographical Dictionary*, trad. de Slane, t. II, p. 225 et 227, note 6.

47. لجة المناظرة «Le miroir de la dispute», traité en vers sur la controverse, abrégé d'après le *risâlèh* de Guélemboli. Avec les approbations de Sâmi-pacha et d'Ahmed Chirvân-Éfendi. Imprimerie Es'ad-Éfendi. 1299. Prix : 100 paras.

48. لوامع الدقائق فى ترجمة مجامع الحقائق «Les minuties brillantes, traduction du Recueil des vérités», traité de droit canonique musulman. Traduction turque du *Medjâmi' el-Haqâïq*, d'Abou Sa'îd Khâdémi, par Ahmed Hamdi-Éfendi, membre du conseil supérieur de l'instruction publique. Suivi de plusieurs traités du même auteur sur la logique, la controverse, etc. Imprimerie Es'ad Éfendi. 1300. Prix : 15 piastres.

Le titre seul du *Medjâmi' el-Haqâïq* est cité par Hadji-khalfa, t. V, p. 382, n° 11393.

49. مجلّه شرحى «Commentaire du code civil», par 'Abd-us-Settâr Éfendi, membre de la commission de rédaction du code civil. Fascicules XIV et XV, contenant le commentaire du livre *Kéfâlèt* ou de la caution. 1300.

Cf. Bibliographie ottomane, 1882, n° 26, où, par inadvertance, on a imprimé 'Abd us-Sabbâr pour 'Abd-us-Settâr.

50. مجموعه «Recueil» contenant les circulaires et les pièces officielles interprétant l'appendice au code pénal et certains articles des autres codes, par Hu-

séin Hâmid-bey, conseiller à la Cour d'appel (section de la cour criminelle). 1300.

51. تحرّرات ساميه وعدليه «Circulaires du grand-vizir et du ministre de la justice», relatives à l'interprétation des codes d'instruction criminelle et pénal. 1301. Prix : 15 piastres.

52. تحرّرات عدلية عموميه «Circulaires du ministère de la justice» et arrêts de la Cour de cassation et du comité consultatif de la justice (*Endjumèn-i ʿadliyyé*), par ʿAbd-ur-Raḥmân Haqqi-Éfendi, greffier de la section civile de la Cour d'appel. Paraît en fascicules, une fois tous les dix jours. Chez Qarabet-Éfendi. 1301. Prix : 2 piastres par fascicule.

53. مدافعه «La réfutation», plaidoyer en faveur des frères de la foi contre ceux qui excitent les musulmans à se convertir au christianisme, avec un précis historique des débuts de cette dernière religion, par Ahmed Midhat-Éfendi. 1 vol., 620 pages. Imprimerie du journal *Terdjumân-i Haqîqat.* 1300. Prix : 10 piastres.

54. مدافعهيه مقابلهيه مدافعه «Comparaison avec la réfutation, réfutation de la comparaison», controverse religieuse avec les prédicateurs chrétiens, par Ahmed Midhat-Éfendi. Imprimerie du *Terdjumân-i Haqîqat.* 1301. Prix : 10 piastres.

Forme la suite de l'ouvrage précédent, et est consacré à la réfutation des arguments des missionnaires américains.

55. مدخل علم حقوق «Introduction à la science

du droit », par Sâbit-Éfendi, élève de l'école de droit. 1301.

56. مدخل فقه « Introduction à l'étude de la jurisprudence religieuse », par ʿAbd-us-Settâr Éfendi, professeur à l'école impériale de droit et membre du comité de rédaction du code civil. 1299.

57. مرآت مجله « Le miroir du code civil », commentaire perpétuel du *Medjellé*, compilation d'après les meilleurs et les plus célèbres recueils de jurisprudence religieuse, par le molla Masʿoûd-Éfendi, ancien mufti de Qaïçariyyé. Grand in-8°, 870 pages. Imprimerie ʿ*osmaniyyé*. 1299.

58. مراصد الحكم وشمّة الأسرار « Observatoires des sages préceptes, et parfum subtil des mystères », par le molla Haïder-Éfendi. Chez Sérâfim-Éfendi. 1301. Prix : 5 piastres.

Sur les paroles d'ʿAli fils d'Abou-Ṭalib, traduites en turc, et sur certaines traditions du Prophète relatives aux dogmes musulmans.

59. مرقات مرآت علم لدنى فى مناقب عبد القادر كيلانى « Les degrés du miroir de la science mystique, touchant les vertus d'ʿAbd-el-Qâder Guilâni », panégyrique du célèbre fondateur de l'ordre religieux des Qâderiyyés, traduit de l'arabe en turc sur un manuscrit apporté de Baghdad, par Suléiman-Hasbi-Éfendi, bibliothécaire de S. M. le Sultan. Imprimé en deux couleurs à l'imprimerie ʿ*osmaniyyé*; petit in-8°, 312 pages. Encadrements rouges. Prix : 11 piastres.

60. مصحف شريف «Coran», photographié d'après l'écriture du calligraphe Chékèr-zâdèh. Imprimerie *ʿosmanîyyèh*. 1299. Prix : 12 piastres.

61. معاشات قرارنامه‌سی «Décision relative aux traitements des fonctionnaires», et aux pensions civiles et militaires de disponibilité, de retraite et d'indigence. Chez Arakel-Éfendi. 1300. Prix : 5 piastres.

62. معاهدات مجموعه‌سی «Recueil des traités» conclus par la Sublime-Porte avec les puissances étrangères, publié par ordre de S. M. le Sultan. Tome IV. 1299. Prix de chaque volume, composé de 20 livraisons : 30 piastres.

Voy. *Bibliographie ottomane*, 1882, n° 174.

63. معيار العدالة «L'étalon de l'équité», *vade-mecum* du juge en matière pénale, d'après les doctrines de la jurisprudence canonique (*chériʿat*), compilé et traduit des meilleurs ouvrages de droit musulman, par le molla Eumèr Ḥilmi-Éfendi, membre de la commission de rédaction du code civil, professeur à l'école de droit, etc. 1301.

64. معين الحكّام «L'aide des juges» en ce qui concerne la décision à prendre entre les dires des deux parties, dans la jurisprudence religieuse (rite d'Abou-Hanifa). Imprimerie de Boulaq. 1300.

65. مفتاح العقائد «La clef des articles de foi», exposé des dogmes de la religion musulmane, par Hadji Méhemet Tevfiq-Éfendi, fils de Tcherkess-

chéïkhi, et cadi de Constantinople. Imprimerie Mihrân. 1301. Chez Arakel-Éfendi. Prix : 4 piastres.

65 (*bis*). مفتاح المجلّة «La clef du code civil», dictionnaire des termes techniques du droit ottoman employés dans le Medjellé. 1300. Prix : 10 piastres.

66. مقامهٔ أدبيّه بوظائف عدليّه «La séance littéraire, sur les devoirs des magistrats de l'ordre civil», par Méhemet Hilâl-Éfendi, ancien président de la section des appels correctionnels de la cour d'appel du Yémen, aujourd'hui en la même qualité à Angora. En turc, avec la traduction arabe en regard. Chez Sérâfim-Éfendi. 1299. Prix 50 paras.

67. ملجاء القضاة عند ترجيح البيّنات «Le refuge des cadis, lors du choix à faire entre les divers ordres de preuves», par Abou-Mohammed Khâtim-Baghdâdi, traduit en turc par le Chéïkh-ul-islâm Féïzh-ullâh Nâfiz-Éfendi, auteur des *Fétâvâ-ï Féïzhiyyèh*, sous le titre de درّة المحاكمات «la perle des procès». Chez Es'ad-Éfendi. 1300. Prix 15 piastres.

Cet ouvrage est le même que celui qui est mentionné par Hadji-khalfa, t. VI, p. 109, n° 12865. Il faut lire, dans le titre, تعارض au lieu de ترجيح ; le nom de l'auteur serait Ghânim au lieu de Khâtim.

68. منشآت حقوق «Éléments du droit», par Ḥasan Ḥifzhi Éfendi, avocat, émigré de Morée et de Larisse ; guide pratique à l'usage des avocats. Chez Arakel-Éfendi. 1300. Prix : 20 piastres.

69. تحفة الأبرار بالعلم المأثور من الأدعية والأذكار «Présent fait aux gens pieux, sur la science dérivée des prières

et des litanies », par le seïd Mohammed Çadiq Ḥasan-khân Bahâdour, nabab de Bhopal. Imprimerie du journal *El-Djewâïb*. 1301.

70. نسمات الأسحار « Zéphirs du matin », d'Ibn-'Âbidîn (Séyyid Mohammed), sur le droit ḥanéfite, imprimé pour la première fois; commentaire de l'ouvrage intitulé إفاضة الأنوار على أصول المنار « L'effusion des lumières sur les principes du *Phare* ». 296 pages. Imprimerie d'Es'ad-Éfendi. Prix : 15 piastres.

Sur le *Menâr el-anwâr* (Le phare des lumières) de Néséfi et ses nombreux commentaires, voyez Hadji-khalfa, t. IV, p. 121, n° 12907.

71. هداية الطالبين « Le guide des chercheurs », traité des principes, des mystères et des règles de l'ordre monastique des Naqychbendis, par Mevlânâ Abou-Sa'îd, disciple et continuateur d'Abd-ullah Dehlévi; traduit du persan en turc. Sur les marges : Recueil de conseils moraux à l'adresse des adeptes. Imprimerie d'Es'ad-Éfendi. 1299. Prix : 4 piastres.

2. LITTÉRATURE, MORALE, POÉSIE.

72. آتشپاره « L'étincelle », recueil d'environ vingt-trois pièces de vers publiées sous différents titres et composées par Mou'allim (le professeur) Nâdji, un des rédacteurs du journal *Terdjumân-i Haqiqat*. Chez Arakel-Éfendi. 1301.

73. اتمام تمييز « Complément de l'ouvrage intitulé : *Discernement* », par Mahmoud Es'ad-Éfendi. 1299.

Fait suite à divers ouvrages publiés à l'occasion du *Bélâghat-i 'osmâniyyèh* de Djevdet-pacha. Voyez, dans la *Bibliographie ottomane* de 1882, le n° 48, et plus loin, les titres *Ikmâl-i Témyîz* (n° 84) et *Bélâghat-i osmâniyyèh* (n° 92).

74. آثار پریشان «Œuvres éparses», par Nâmiq-Kémal-Éfendi. 5e et 6e fascicules. Chez Qarabet-agha. Prix de chacun : 40 paras. 1299-1300.

Voy. *Bibliographie ottomane* de 1882, n° 33.

75. أدب الدنيا والدين «Les règles du monde et de la religion», par l'imâm Abou 'l-Ḥasan 'Ali ben Mohammed Mâwerdi. Imprimerie du journal *El-Djéwaïb*. 1299. 286 pages. Prix : 15 piastres.

Sur cet ouvrage, voyez Hadji-khalfa, t. I, p. 219, n° 329; Ibn Khallikân, *Biographical dictionary*, t. II, p. 225.

76. اربع رسائل «Quatre traités» en arabe, par l'imâm Abou-Mançoûr et-Ta'âlibi. Imprimerie du journal *El-Djéwâïb*. 1301.

Ce recueil comprend :

1° Des extraits de l'ouvrage intitulé المحاضرة والتمثيل «La conversation et l'assimilation»;

2° Des extraits du livre appelé المبهج «Ce qui égaie» (Hadji-khalfa, t. V, p. 367, n° 11340);

3° Des extraits du سحر البلاغة وسرّ البراعة «La magie de l'éloquence et les mystères de la supériorité» (Hadji-khalfa, t. III, p. 584, n° 7054);

4° Des extraits de l'opuscule intitulé : النهاية في الكناية «La somme de la métonymie» (Hadji-khalfa, t. VI, p. 404, n° 14099).

77. اسئلهٔ حکمیه «Questions philosophiques», par le khodja Ishaq-Éfendi; suivi du petit traité connu sous le nom populaire de قرنجه قپودان «le capitaine-fourmi». 2e édition. Chez Sa'id-Éfendi, à la mosquée de Bayézid. 1301. Prix : 1/4 de medjidié.

78. أساس البلاغة «La base de l'éloquence», sur la lexicographie, par l'imâm Djâr-ullah Abou'l-Qâsim Maḥmoûd ben 'Omar Zamakhchari. Texte arabe, publié sous la direction de Mohammed Bélîsi et de Mouçtafa-Éfendi Wehbi; 2 vol. 337 et 370 pages. Imprimerie *Wehbiyyèh*, au Caire. 1300. Prix : 20 francs.

Cf. Hadji-khalfa, t. I, p. 264, n° 563.

79. استانبولده بر سنه «Une année à Constantinople», par Méhémet Tevfîq. En 12 fascicules formant 2 vol. in-8°. Imprimerie Aramian. 1299. Se trouve chez Arakel-Éfendi. Prix de chaque fascicule : 100 paras.

Livraisons parues :

1° تاندر باشی «Le coin du poêle», scènes d'hiver.

2° حلوا صحبتی «Les conversations du *halvâ*».

3° كاغدخانه «Les eaux douces d'Europe».

4° رمضان كيجهلری «Les nuits du Ramazan».

5° استانبول اقشامجیلری «Les noctambules de Stamboul», avec des détails sur les cabarets existant anciennement à Constantinople.

6° كلين اوطهسی «La chambre de l'épousée».

80. اسكندریه كتبخانهسی «La bibliothèque d'A-

lexandrie », livre relatif aux versions circulant parmi le peuple touchant l'incendie de cette bibliothèque, et démontrant la fausseté des publications des ministres protestants, par Méhemet Mauçoûr-bey, ancien *muâvin* en retraite du Conseil d'État. Chez Arakel-Éfendi. 1301. Prix : 100 paras.

81. أعجب العجب « Le grand étonnement », commentaire du poème de Chanfara connu sous le nom de *Lâmiyyet el-ʿArab*, par Maḥmoûd ben ʿOmar Khârezmi Zamakhchari, avec un autre commentaire par Abou 'l-ʿAbbâs Mohammed ben Yézîd Moberred, suivi d'un commentaire sur la مقصورة دريدية du cheïkh Abou-Bekr Mohammed ben el-Hasan Ibn Doreïd El-Ardi; des *séances* de Zéïn-uddin Abou-Ḥafç ʿOmar ben Mozhaffer ben ʿOmar el-Wardi, de ses opuscules et de son diwan; et enfin du diwan et des opuscules d'Abou'l-Ḥasan Ismaʿîl ben Saʿd ben Ismaʿîl el-Wehbi, connu sous le nom d'El-Khachchâb. 1 vol. de 400 pages. Imprimerie du journal *El-Djéwâïb*. 1300. Prix : 50 piastres.

Le *ʿAdjeb ul-ʿadjeb* de Zamakhchari est mentionné par Hadji-khalfa, t. V, p. 296, n° 11025, mais le bibliographe ottoman ne parle pas du commentaire de Moberred. — Sur la *Maqçoûra* d'Ibn-Doréïd, voyez Hadji-khalfa, t. VI, p. 93, n° 12807.

82. آفاق « Les horizons », recueil de morceaux littéraires et scientifiques. 3e fascicule. Chez Arakel-Éfendi. 1300. Prix : 3 piastres.

83. آفاقه برنظر « Un regard sur les horizons », cri-

tiques et jugements littéraires sur l'ouvrage intitulé : *Zévâl-i 'èchq* « La fin de l'amour ». 1301. Prix : 5 piastres.

84. اكمال تمييز « Complément du *Discernement* », sur l'éloquence ottomane, par 'Ali Sédâd-bey. 1299.

Voyez plus loin la notice de l'ouvrage intitulé : بلاغت عثمانيه (n° 92) et le n° 107.

85. امثال العرب « Proverbes arabes », par Mofaḍḍal Ḍabbi, suivi du traité intitulé : أسرار الحكماء « Les secrets des sages », par Yâqoût Mosta'çémi ; 165 pages. Imprimerie du journal *El-Djéwâïb*. 1300. Prix : 10 piastres.

Mofaḍḍal ibn Mohammed, de la tribu de Ḍabba, est l'auteur du recueil d'anciens poèmes arabes appelé *Mofaḍḍaliyyèh*. Voyez sur ce personnage, les notes de la traduction d'Ibn Khallikan par de Slane, t. III, p. 26, note 3; le *Diwan d'Amro'l-kaïs*, du même auteur, p. 117; Yâqout Mosta'çémi est le célèbre calligraphe Djémâl-uddîn Yâqout, surnommé *Qiblet-ul-kouttâb;* on peut consulter à ce propos le *Tohfet-ul-Mouhibbîn*, d'Abou 'd-dâ'î Yâqoub ben Hasan surnommé Sérâdj-el-Husna (manuscrit de la Bibliothèque nationale, suppl. persan, n° 386, f° 68 v° et suiv.).

86. الأنس المعنوى « La société spirituelle », commentaire sur le *Mesnévi* de Djélâl-uddîn Roûmi, par El-Hadj Méhémet Fevzi-Éfendi, ancien *naïb* de Jérusalem, puis *mufti* d'Andrinople. 1300.

87. انسانيت « L'humanité », ouvrage écrit pour les femmes, par Mahmoud Djélâl-uddîn-bey ; 32 feuillets. 1299. Prix : 2 piastres.

88. ایکی احباب چاوشلر « Les deux sergents amis », pièce de théâtre. Chez Arakel-Éfendi. 1301. Prix : 8 piastres 1/2.

Histoire de deux sergents connus par leur bravoure et leur zèle, qui tombent dans le malheur à la suite de machinations d'envieux jaloux de voir la vertu récompensée; mais leur honneur est sauvé par un officier juste, et l'envie finit par être punie.

89. ایکی بیك « Les deux pupilles des yeux », comédie, sur les ruses et les tromperies des femmes. Chez Arakel-Éfendi. 1300. Prix : 3 piastres 1/2.

90. ایکی کلین اوطهسی « Deux chambres de jeunes épouses », par Tavfîq-Éfendi, rédacteur du journal *Terdjumân-i Haqîqat*. 1301.

91. البرهان المؤيد « La preuve favorisée », en arabe, par le séïd Aḥmed Réfâ'î Huséïni, publié par les soins du molla Mohammed Çâlih Huséïni, de Damas, précédé d'une biographie de l'auteur. Imprimerie Mihran. 1301.

92. بلاغت عثمانیه « Essai sur l'éloquence ottomane », leçons faites aux élèves de l'école de droit, par Aḥmed Djevdet-pacha, ministre de la justice. — Deuxième édition, 120 pages en 3 fascicules. Imprimerie ʿ*osmaniyyèh*. 1299.

Voyez *Bibliographie ottomane* de 1882, n° 48. — D'autres fascicules ont encore paru postérieurement à ceux dont la réimpression est signalée ici; nous citerons notamment le huitième fascicule, qui contient le texte de l'opuscule intitulé سروری مجموعه سی « Recueil de Servéri » dont les exemplaires sont fort rares.

93. بهاریه «Poème printanier», par le molla Châkir Âgâhi-Éfendi, professeur d'arabe et de persan à l'école des arts et métiers. Chez Es'ad-Éfendi. 1299. Prix : 50 paras.

94. بوآدم «Voilà l'homme!», recueil d'historiettes et de contes plaisants, par Tevfîq-Éfendi, l'un des rédacteurs du journal *Vaqit*, ancien rédacteur des journaux comiques *Tchâïlaq* et *Leṭâïf-i Asâr*. Fascicules 1 à 3, contenant 196 nouvelles. 1299-1300.

95. بين الأُدبا مصادمهٔ افكار «La lutte des opinions entre les littérateurs», revue consacrée à la polémique littéraire et dirigée surtout contre l'école de Kémâl, Sa'îd, 'Abd-ul-Ḥaqq Ḥâmid et Suréyya. Chez Sérâfim-Éfendi. 1300. Prix : 100 paras.

Il n'a paru que la première livraison.

96. پروسیاده عسکرلك عالمی «Le monde militaire en Prusse», roman satirique. Par fascicules, chez Arakel-Éfendi. 1299. Prix de chaque livraison : 60 paras.

97. التألّد والتطريف «La stupéfaction qui fait cligner de l'œil», brochure en arabe. Le Caire, imprimerie Castelli. 1299. Prix : 10 paras égyptiens.

98. تحفهٔ الأُدبیه لأولاد الوطنیه (*sic*) «Présent littéraire fait aux enfants de la patrie», par Suléïman-Éfendi, professeur à l'école normale de Salonique. 1301.

99 تحفة الافكار «Présent fait aux idées», poésie persane, imitation par Mîr ʿAli-chîr Névâï du *Deryâ-i èbrâr* (La mer des dévôts), poème de Mîr Khosrev, Dehlèvi, traduit en turc par Fâïq-bey. 1301.

100. تحفة السفرة الى حضرة البررة «Le cadeau fait à ceux qui voyagent avec les personnes pieuses», par Muhyi ed-dîn Ibn el-ʿArabi, en arabe. Chez Hadji Mouçtafa Éfendi Eghînli, au bazar des papetiers, à Stamboul. 1300. Prix : 2 piastres.

Sur cet ouvrage, et sur un autre portant le même titre, de Djélâl eddîn Ahmed Sakhâwi, voy. Hadji-khalfa, t. II, p. 228, n° 2592.

101. تحليل حلّ «Analyse de l'ouvrage appelé *Hall*, réponse à la brochure qui porte le titre de حلّ تعليقات (voyez plus loin n° 124), par ʿAbd-ur-Rahmân Suréyya, rédacteur du *Djéridé-i ʿaskériyyéh;* 85 pages. Imprimerie Mihran. 1299. Prix : 1/4 de medjidié.

102. تخرج خرابات «Extrait des poésies bachiques» de feu Ziya-pacha, par Méhemet-Tevfîq-Éfendi. Imprimerie d'Abou'r-Riya Tevfîq-bey. 1301.

103. ترجمهٔ تلخيص «Traduction du *Telkhîç*», traduction turque, commentaire et analyse des vers cités dans cet ouvrage et dans son commentaire abrégé, par feu Abou'l-ʿIçmét Mouçtafa ʿIçâm-uddîn. Imprimerie d'Esʿad-Éfendi. 1299. Prix : 20 piastres.

Sur le *Telkhîç el-Miftâh*, traité abrégé de la rhétorique de Khatîb Dimichqy, cf. Hadji-khalfa, t. II, p. 402, n° 3541.

104. ترجمهٔ شمائل «Traduction du traité intitulé :

Les vertus du Prophète » de Abou-'Îsa Moḥammed Termedhi, par Eyoub Çabri-bey, directeur de l'école secondaire navale. Association des libraires ottomans. 1299.

Cf. Hadji-khalfa, t. IV p. 70, n° 7640.

105. ترجيع بند « Poème en strophes » composé par Châkir Âgâhi Éfendi, professeur d'arabe et de persan à l'école des arts et métiers. Paru en *variétés* dans le *Terdjumân-i Haqiqat*. Chez Es'ad-Éfendi. 1299.

Sur l'espèce de poème appelé *terdjî'-bènd*, voyez Garcin de Tassy *Rhétorique et prosodie*, etc., 2ᵉ éd., p. 375.

106. تصحيح أخلاق « La correction des mœurs ». Chez Sérâfim-Éfendi. 1299. Prix : 3 piastres.

107. تعليقات بلاغت عثمانيه « Appendice à l'*Éloquence ottomane* », par 'Abd-ur-Raḥmân Suréyya, rédacteur en chef du *Djéridé-ï 'askériyyèh*. In-8°, 59 pages. Imprimerie dudit journal. 1299.

Complément du *Bélâghat-i 'osmâniyyèh* de Djevdet-pacha ; voyez ci-dessus, n° 92.

108. تعليم ادبيّات « L'enseignement des belles-lettres », par Ekrèm-bey Rédjâï-Zâdèh, membre du Conseil d'État. Résumé du cours fait par lui à l'école impériale civile (*mulkiyyèh*), t. I, première partie ; petit in-8°, 397 pages. 1299. Prix : cartonné, 20 piastres.

Deuxième édition, corrigée. La première, lithographiée, avait paru en 1296.

109. تمييز تعليقات «Le discernement appliqué à l'*Appendice*», examen critique de l'opuscule d'Abd-ur-Raḥmân Surréyya qui porte le titre de تعليقات «Appendice» (voyez ci-dessous n° 124), par El-Hâdj Ibrâhim, membre du conseil d'administration du ministère de l'Evqâf. In-8°, 22 pages. Imprimerie *'osmaniyyèh*. 1299. Prix : 50 paras.

110. تنبللرك معاشقهسى «L'amour réciproque des paresseux», traduction d'un roman nouveau. En 4 fascicules. 1300.

111. تهذيب الأخلاق وتطهير الأعراق «La correction des mœurs et la purification des passions», par Abou 'Ali Aḥmed ben Moḥammed Ibn Miskawéïhi Râzi. Le Caire, imprimerie Castelli. 1299. Prix : 5 piastres égyptiennes.

Cf. Hadji-khalfa, t. II, p. 476, n° 3770.

112. توسّل «L'intercession divine», commentaire en turc sur le poème du *Borda*, par feu Méhémet Mekki-Éfendi, ancien chéïkh ul-islam, avec la quintuplation (*takhmîs*) du même auteur. Imprimerie Es'ad-Éfendi. 1300. Par fascicules; prix de chacun : 40 paras.

113. ثبات العاجزين «La constance des faibles», traité des croyances et de la morale musulmanes, par le derviche naqychbendi Çofou Allâh-yâr, en turc djaghatéen, publié par le chéïkh Suléïman-Éfendi de Bokhara. Imprimerie *'osmaniyyèh*. 1300. Prix : 7 piastres.

114. ثمرات الحيات «Les fruits de la vie», diwan ou recueil des poésies arabes de Ḥasan Ḥusni. 2 vol. Le Caire, imprimerie du journal *Waṭan*. 1300. Prix 20 francs.

115. جزمی «Djazmi», roman historique, par Kémâl-bey, gouverneur de Mételin. Fasc. 3 à 6. Chez Sérafim-Éfendi. Imprimerie Mihrân. 1299-1301. Prix de chaque livraison : 5 piastres.

Voyez *Bibliographie ottomane* de 1880, n° 109.

116. جلاد «Le bourreau», roman paru en feuilletons dans le *Terdjumân-i Ḥaqîqat*; par fascicules. 1301. Prix de chaque livraison : 60 paras.

117. جمل منتخبهٔ کمال «Phrases choisies de Kémâl», recueil de morceaux dus à la plume de Kémâl-bey, recueillis par Abou'z-Ziyâ Tevfîq-bey; 80 pages. Imprimerie d'Abou'z-Ziyâ. 1299. Prix : 5 piastres.

118. چرکس اوزدنلری «Les Euzdens (chefs de clan) des Circassiens», drame en trois actes, par Aḥmed Midhat-Éfendi. Publié en feuilletons dans le *Terdjumân-i Ḥaqîqat*, et tiré à part, 1301.

119. حازم بك يا خود هنجار «Ḥâzim-bey, ou l'homme vil», drame turc, par le professeur et poète Nâdji-Éfendi. 1299. Prix : 5 piastres.

120. حديقة الأدباء «Le jardin des littérateurs», publié par Émîn ʿOsman-bey, petit-fils de feu ʿOsman-pacha, *vâli* de Qonyèh et lui-même fils de l'ancien

grand vizir Réouf-pacha, 1er recueil. Extrait des œuvres des auteurs contemporains (Chinâsi, Kémâl, Ekrèm, etc.). 1299.

121. حكايات منتخبه «Historiettes choisies», destinées à l'enseignement des enfants de l'Hospice général, par le commandant Rif'at-bey. 3e édition, petit in-8°, 79 pages. Imprimerie Mihrân. 1299. Prix : 2 piastres.

122. حكاية فرحبخش «Une histoire réjouissante», nouvelle, par Mufti-Zâdèh Mouçtafa Ḥayâti-Éfendi, de Baïbourt. 1299. Prix : 50 paras.

123. حكمت «La sagesse», diwan ou recueil des poésies, en turc djaghatéen, de khâdjah Aḥmed Yasâwî, surnommé *Sultân el-'Ârifîn* (ve siècle de l'hégire), publié et corrigé par le chéïkh Suléïman-Éfendi de Bokhara. Imprimerie *'osmaniyyèh*. 1300. Prix : 12 piastres 20 paras.

124. حلّ تعليقات «Solution des problèmes posés dans le *Ta'liqât*», brochure en réponse à l'ouvrage d''Abdur-Raḥman Suréyya, intitulé : *Ta'liqât* ou Appendice à l'éloquence ottomane, par un élève de l'école de droit. 1299. Prix : 50 paras.

Voyez plus haut, n° 107.

125. حلبة الكميت فى أوصاف الخمر «L'hippodrome du vin rouge, sur les qualités de cette boisson», par Chems ud-Dîn Moḥammed ben Ḥasan Nawwâdji, sur les vertus du vin et l'apologie des échansons et

des convives; 385 pages. Le Caire, imprimerie du journal *El-Waṭan*. 1299.

Cf. Hadji-khalfa, t. III, p. 106, n° 4607.

126. حلیهٔ خاقانی «L'ornement de Khâqâni», pièce de vers (*mesnévi*) célèbre du poète turc Méhemet-bey Khâqâni, sur les vertus du Prophète. En petits caractères. Chez Arakel-Éfendi. 1299. Prix : 110 paras.

Ce poème porte encore le titre de الحلية النبوية «l'ornement prophétique» (Hadji-khalfa, t. III, p. 113, n° 4637). D'après le bibliographe ottoman, l'auteur mourut en 1007 = 1597-1599 (*ibidem*); selon d'autres, il vécut jusqu'en 1015 = 1606 (Hammer Purgstall, *Geschichte der osmanischen Dichtkunst*, t. III, p. 139.

127. چوجقلره کیجه اکلنجه‌سی «Amusement du soir pour les enfants», conseils et préceptes moraux, par Méhemet Chems-ud-Dîn. 1299.

128. خانملر «Les dames», livre à l'usage des femmes. Premier fascicule. Chez Arakel-Éfendi. 1300. Prix : 3 piastres.

129. خمس رسائل «Cinq traités», publiés par l'imprimerie de l'*El-Djéwâïb*, 264 pages. 1301. Prix : 15 piastres.

Ce recueil contient les ouvrages suivants :

1° الإيجاز والإعجاز «La concision et la production des chefs-d'œuvre», par Abou-Mançoûr et Ta'âlibi en-Nisâbouri;

2° برد الأكباد فى الأعداد «Le rafraîchissement des cœurs, sur les nombres» (dits et faits mémorables relatifs aux nombres), par le même; cf. Hadji-khalfa, t. II, p. 42, n° 1771;

3° منتخبات البيان والتبيين «Extraits sur l'exposition et la démonstration par Abou'l-Mékârim 'Amr ben Bahr el-Djâhezh;

4° أحاسن المحاسن «Les beautés de la morale», par Abou'l-Hasan ben Hoséïn Rakhdji;

5° غاية الإرب فى معانى ما يجرى على ألسن العامّة فى محاوراتهم وامثالهم من كلام العرب «Le comble de l'intelligence, en ce qui concerne la signification des locutions et des proverbes arabes vulgaires», par Abou Ṭâleb Mofaḍḍal ben Salama.

130. دُر دانه خانم «La femme précieuse», nouvelle, par Ahmed Midhat-Éfendi. Paru en variétés dans le journal *Terdjumân-i Haqîqat*. 1299. Prix : 12 piastres.

131. دكبازلق «La fourberie», traduction turque des *Fourberies de Scapin*, de Molière. 1299. Prix : 2 piastres 1/2.

Fait partie du recueil des comédies de Molière traduites en turc par S. A. Ahmed Véfiq-pacha.

132. دورنامه «Lettre circulaire», pièce de vers. Chez Hasan-agha. Prix : 40 paras.

133. ديوان ابن الفارض «Le diwan d'Omar Ibn-el-Fâredh», texte arabe entièrement vocalisé et imprimé sur papier jaune. Le Caire, imprimerie d'Aḳlân Castelli. 1299. Prix : 2 piastres égyptiennes.

134. ديوان البحترى « Recueil des poésies de Boḥtori », texte arabe. Deux tomes en un volume; t. I, 259 pages; t. II, 262 pages. Imprimerie du journal *El Djéwâïb*. 1300. Prix : 35 piastres.

Abou-ʿObâda Wélid ben ʿObaïd El-Boḥtori, surnommé الشاعر المُفْلِق ou le « poète extraordinaire » vivait au IIIᵉ siècle de l'hégire (Hadji-khalfa, t. III, p. 266, nᵒ 5318; Ibn Khallikân, *Biographical Dictionary*, t. III, p. 657; Maçʿoûdi, *Prairies d'or*, trad. par M. Barbier de Meynard, t. VII, p. 154). La présente édition est faite sur un manuscrit ancien et vocalisé, copié à Tébriz, en 424 (1033), par le calligraphe ʿAli ben ʿObaïd-Allah de Chirâz.

135. ديوان سيّد صبرى افندى « Diwân ou recueil des poésies turques de Çabri-Éfendi », autrement dit Méhémet Émîn Çabri-Éfendi, d'Inéboli de Morée (Nauplie), publié pour la première fois par les soins d'Echrêf-bey, de Brousse. Grand in-8ᵒ, 80 pages. Imprimerie du *vilâyet* de Hudâvendiguiâr. 1299. Se trouve chez Sérâfim-Éfendi. Prix : 5 piastres.

Cf. Hammer-Purgstall, *Geschichte der osmanischen Dichtkunst*, t. III, p. 369.

136. ديوان الطغرائي « Recueil des poésies de Toghrâï », l'auteur du *Lâmiyet el-ʿadjem;* texte arabe. Imprimerie du journal *El-Djévâïb*. 1300. Prix : 10 piastres.

Cf. Hadji-khalfa, t. III, p. 202, nᵒ 5529.

137. ديوان ليلى خانم « Recueil des poésies de Léïla-Hânum », texte turc. Lithographié, in-8ᵒ, 118 pages. Imprimerie de la Société persane, à Vâlidé-Hân. 1299. Prix : 12 piastres.

L'écriture *nasta'liq* de ce volume est de la main du calligraphe Mirza-Âghâ, Efchâr d'Ouroumiyyah, surnommé *Sâhib-qalam*. On peut consulter sur l'auteur, femme poète du commencement de ce siècle, l'histoire de la poésie ottomane de Hammer, t. IV, p. 526.

138. ذيل زبدۀ گلستان «Appendice à la quintessence du *Gulistân*». 1300. Prix : 3 piastres.

Voyez plus loin la notice de l'ouvrage intitulé : *Zubdé-t Gulistân*.

139. رد تحليل «Réfutation du *Taḥlîl*» (voyez plus haut, n° 110), par 'Ali Sédâd-bey, fils de Djevdet-pacha, élève de l'école de droit, Mahmoud Es'ad-Éfendi et Méhémet Fâïq-Éfendi. Réponse à l'opuscule d''Abdur-Rahman Suréyya. 1299.

140. رسالة حیّ بن يقظان «Traité de Ḥaï ben Yaqzhân» sur les mystères de l'Orient. Attribué par Hadji-khalfa à Ibn Sina (t. III, p. 393, n° 6115). Le Caire, imprimerie Castelli. 1299. Prix : 2 piastres égyptiennes et 1/4.

141. رسالتان «Deux traités» en arabe, par Abou-Ḥayyân, le premier sur l'amitié sincère et le véritable ami في الصداقة والصديق, le second sur les diverses sciences في العلوم. Imprimerie de l'*El-Djéwâïb*. 1301.

142. الرياض المسكية للمكاتب الرشدية «Les parterres embaumés, à l'usage des écoles secondaires», par Mohammed Sa'd-ud-dîn Éfendi, savant de Damas; en arabe; contient des préceptes religieux et moraux,

des conseils sur l'éducation, etc. 1299. Prix : 12 piastres.

143. زبدهٔ گلستان « La quintessence du *Gulistan* », traduction et commentaire du chef-d'œuvre de Sa'di, avec notes marginales et interlinéaires. Par fascicules. Chez Arakel-Éfendi. 1299. Prix de chaque livraison : 60 paras.

144. زمزمه « Murmures », recueil de quelques-unes des poésies d'Ekrèm-bey, publié sous la direction d'Abou'z-Ziyâ Tevfiq-bey. 1299. 2e partie, 1301. Prix : 5 piastres.

145. سعادتلو فاملیا « L'heureuse famille », roman, par Tevfiq-Éfendi Djoûdi-Zâdèh, secrétaire à la correspondance de la préfecture de police de Constantinople. Par fascicules. 1301.

146. شراره « Les étincelles », recueil de poésies de Mou'allim-Nâdji. Chez Arakel-Éfendi. Imprimerie Abou'z-Ziyâ. 1301.

147. شرح درر السعيد « Commentaire sur les *Perles de Sa'îd* », intitulé : الجوهر الفريد « le joyau unique », traduit en turc par 'Ali Behdjet-bey, employé à la direction général de la dette au ministère des finances. Chez Arakel-Éfendi. 1301. Prix : 60 paras.

148. شرح قصيدهٔ برده « Commentaire sur le poème du *Bordah* de Bouçîrî, par Méhémet Khaïri-Éfendi de Roustchouq. 1299.

149. شرح قصيده برده « Commentaire du *Bordah* »,

par feu Mekki-Éfendi, ancien chéïkh-ul-islam. Chez Es'ad-Éfendi. 1299. Prix : 10 piastres.

Contient en outre les gloses marginales de Kharpouti, le commentaire de Béïdhawî et celui de Chéïkh-Zâdéh. Sur ce dernier, voyez Hadji-khalfa, t. IV, p. 526.

150. شرح قصيدهٔ برده ترجمهٔ مجمل « Commentaire du *Bordah* et traduction sommaire », en turc, ouvrage mis à la portée de tout le monde, par 'Osman Tevfîq-bey, greffier en chef de la Cour d'appel de Salonique. Chez Arakel-Éfendi. 1300.

151. شرقى مجموعسى « Recueil de chansons », par Nouri-bey. 5e fascicule, contenant plus de cent chansons turques. Chez Sérâfim-Éfendi. 1300. Prix : 5 piastres.

152. شيطانك آئينهسى « Le miroir du Diable », roman comique national, par W.-F. و-ف, 36 pages. Imprimerie Mahmoud-bey. 1299. Prix : 100 paras.

153. صدق المقال فى مثالب البغاة الجهال « Le discours sincère, sur les actions honteuses des pervers imbéciles », ode (*qacîda*) en arabe, par Son Exc. Mouçtafa-pacha Çobḥi. 1 fascicule. Alexandrie. 1300.

Sur les derniers événements d'Égypte (révolte d'Arabi) et à la louange du khédive.

154. ضروب امثال عثمانيه « Proverbes ottomans » recueillis par Chinâsi-Éfendi. Nouvelle édition, considérablement augmentée, par Abou'z-Ziyâ Tevfîq-bey. Imprimerie d'Abou'z-ziyâ. 1301.

155. طول قادين « La Veuve », roman publié par le *Terdjumân-i Haqîqat* et tiré à part. 1301.

156. ظفر نامهٔ ثابت «Le livre de la victoire» de Sâbit-Éfendi, poème épique, imprimé pour la première fois. Imprimerie d'Abou'z-Ziyâ Tevfiq-bey. 1299.

157. عجائب عالم «Les merveilles du monde», roman, par Ahmed Midhat-Éfendi, paru en variétés dans le journal *Terdjumân-i Haqîqat*. Par fascicules. 1299. Prix : 27 piastres.

158. عشق نامه «Livre d'amour» de Djélâl-eddin Roûmi, traduit en turc par ʿAli Behdjet-bey, employé à la direction générale de la dette au ministère des finances. Chez Arakel-Éfendi. 1301. Prix : 2 piastres.

159. عقد الجمان في مزايا آل عثمان «Le collier de perles, sur l'excellence de la famille d'Osman» contenant divers extraits d'anciens auteurs et savants, recueillis et publiés par Méhemet-Hilâl-Éfendi, ancien président de la section des appels correctionnels des Cours d'appel du Yémen et d'Angora. En arabe, avec la traduction turque en regard. Chez Sérâfim-Éfendi. 1299. Prix : 70 paras.

160. الغالية «Le parfum mélangé», choix de morceaux de prose, maximes, contes, prédications, etc. par le molla Noʿmân-Éfendi Olousi. Imprimé par ordre du sultan. 1301.

161. فرس قديمده بر فاجعه ياخود سياوش «Un drame chez les anciens Perses, ou Siyâwêch», pièce en trois actes, par Ahmed Midhat-Éfendi. A paru

en feuilletons dans le *Terdjumân-i Haqiqat*, et a été tiré à part. 1301.

162. فضائل أخلاقيه وكمالات علميه « Les vertus morales et les perfections de la science », d'après J.-J. Rousseau, par Sa'id-bey, rédacteur en chef du journal *Vaqyt*. En trois fascicules. Imprimerie Qantar frères. 1299. Prix de chaque livraison : 2 piastres 1/2.

163. فوز النجاة « Le bonheur du salut », traité des croyances et de la morale musulmanes, en turc djaghatéen et uzbeg, par le derviche Çofou Allahyâr, de l'ordre des Naqychbendis, publié par le cheïkh Suléïmân-Éfendi de Bokhara. In-8°, 122 pages. Imprimerie ʿ*osmaniyyèh*. 1299.

164. فيض العجب « L'abondance merveilleuse », petit traité sur les questions de littérature et de morale, par Ahmed Tevfiq, 31 pages. Imprimerie Mihrân. 1299. Prix : 3 piastres

165. قانون عشق « La loi de l'amour », sur les règles de la galanterie en Europe et en particulier en France. Chez Arakel-Éfendi. 1301. Prix : 5 piastres.

166. قرق كيجه « Les quarante nuits »; quarante contes nationaux, par Tevfiq-Éfendi, attaché à la rédaction du journal *Vaqyt*. Par fascicules. 1300.

167. قصه‌دن حصه « Fragments d'anecdotes », par Ahmed Midhat-Éfendi, rédacteur en chef du *Terdjumân-i Haqîqat*, 3e édition augmentée. 1300. Prix : 4 piastres.

168. قصة سلامان وابسال « Histoire de Salâman et d'Absâl », traduite en turc par le khodja Kérîm-Éfendi. 1299. Prix : 60 paras.

169. قصة عنتر بن شداد « Le roman d'Antar, fils de Cheddâd », texte arabe, en six volumes de 500 pages chacun. Beyrouth, imprimerie du journal *Lisân el-Hâl;* impression commencée en 1300.

170. قصيدهٔ برده تخميسى « Quintuplication de l'ode du *Bordah* », par 'Abbâs Feyzi-Éfendi, précédé de la liste des cent noms de Dieu. Chez El-Hadj 'Omar de Qaïçariyyéh. 1301.

171. قهرمان قيز « La fille héroïque », drame national en cinq actes, par Ahmed Fakhri-Éfendi et Mouçtafa-Éfendi. Imprimerie Mihrân. 1300. Petit in-8°, 112 pages. Chez Arakel-Éfendi. Prix : 7 piastres 1/2.

Histoire tragique d'une jeune fille, dont les brigands ont tué le fiancé, et qui se venge d'eux; elle en tue deux de sa propre main, et puis elle se donne la mort.

172. قيش مصالى « Conte d'hiver », comédie de Shakespeare transformée en roman et traduite en turc par Nâdir-Éfendi. 45 pages. Imprimerie Es'ad Izzet. 1299. Prix : 6 piastres.

173. كتاب الف ليلة وليلة « Les mille et une nuits », texte arabe, nouvelle édition en quatre volumes, contenant 1,666 pages. Beyrouth, imprimerie littéraire (du journal *Lisân el-Hâl*). 1299-1300. Prix : 20 fr. relié.

174. كتاب مجموعة المعانى «Le livre du recueil des pensées», recueil d'anecdotes sur toutes sortes de sujets, divisé en cent chapitres. 220 pages. Imprimerie du journal *El-Djéwâïb*. 1301. Prix : 12 piastres.

L'auteur de cet ouvrage est inconnu. Cette édition est donnée d'après un manuscrit de la bibliothèque d'Es'ad-Éfendi.

175. كلدستهٔ شعرا «Anthologie poétique», recueil de poésies de Roûhi de Baghdad, de Féhim, de Véïsi, etc., suivi de la *Miyâhyièh*, poème consacré aux ruisseaux de Brousse, par Hâsib-Éfendi; imprimé par les soins d'Echrêf-bey, de Brousse. Chez Sérafim-Éfendi. 1300.

Les trois premiers poètes de l'anthologie sont de la fin du XVIe siècle ; 'Osman-Tchélébi Roûhi est mort en 1014 (1605), Féhim en 1054 (1644), et Véïsi (Molla Ovéïs ben Mohammed) en 1037 (1628). On peut consulter leurs notices dans Hammer, *Geschichte der osmanischen Dichtkunst*, t. III, p. 135, 370 et 203.

176. كنجينهٔ لطائف «Trésor des facéties», recueil de bons mots et d'anecdotes amusantes, par Réchâd-bey. Livraisons 1 et 2. 1299. Prix de chaque fascicules : 3 piastres.

177. لطائف «Facéties», par Sâmi-bey. Forme les fascicules 17 et 18 de la «Bibliothèque de poche». Imprimerie Mihrân. 1299. Prix : 8 piastres.

178. لطائف نصر الدين «Les facéties de Naçr-eddîn Hodja», nouvelle édition, contenant 60 anecdotes et 3 dessins. Par livraisons. 1299.

179. قلقليات أدبيه «Futilités littéraires», recueil de poésies par 'Ali-Férroukh-bey, fils de Réchâd-pacha, élève de l'école d'administration. 1301.

180. لوعة الشاكى ودمعة الباكى «Le sanglot de celui qui gémit, la larme de celui qui pleure», par Çalâh (Khalil ben Éïbek) Çafadi. 74 pages. Imprimerie du journal *El-Djéwâïb*. 1301 (3e édit.). Prix : 3 piastres.

Hadji-Khalfa mentionne un ouvrage du même titre (t. V, p. 344, n° 11236) mais dont l'auteur serait Zéïn-eddîn Mançoûr ben Abd-er-Rahmân.

181. ماهيت عشق «L'essence de l'amour», et صانكه عشق «Le semblant de la passion», deux pièces de théâtre réunies en une brochure. 1300. Prix : 4 piastres.

182. مبادئ حكمت أدبيه «Principes de philosophie littéraire», par le colonel d'infanterie Ismâ'îl Ḥaqqî-bey, chef de bureau à la direction de la gendarmerie du ministère de la guerre. Chez Qaspar-agha. 1299.

183. مجانى الادب فى حدائق العرب «La cueillette littéraire dans les jardins arabes», anthologie de la littérature arabe. Complet en 6 volumes. Beyrouth, imprimerie du journal *Béchîr* (à l'établissement des RR. PP. Jésuites). 1299-1301. Prix de chaque volume : 2 francs.

184. مجموعهٔ آثار «Recueil de monuments littéraires», chrestomathie de la littérature turque; paraît irrégulièrement en fascicules de 32 pages. Fascicules

1 à 6, 1299-1300. Chez Sérafim-Éfendi. Prix de chaque numéro : 2 piastres.

Contient des morceaux choisis de Djélâl-pacha, de Vehbi, des poètesses Fitnèt et Léila-Hanum, d'Ali-pacha, de Fu'âd-pacha, de Kan'ân-bey, etc. et la vie de Bâqi.

185. محاضرة الأوائل ومسامرة الأواخر «Conversations et entretiens sur le commencement et la fin des choses», en arabe, par ʿAlâ-eddîn ʿAli-Dèdèh, de سكتوار en Bosnie, professeur à l'université de la Suléïmaniyyèh. Le Caire, imprimerie de Boulaq. 1300.

186. محاورة رند وزاهد «La conversation du débauché et du dévot», par le poète Fozhoûli, traduit en turc par Salîm-Éfendi. Chez Arakel-Éfendi. 1300. Prix : 5 piastres.

Conseils pratiques et utiles donnés par un père instruit et lettré à un fils intelligent. — Cette traduction a été faite sous le règne de Sélim III (1789-1807). — Sur Fozhoûli, voyez Hammer, *Geschichte der osmanischen Dichtkunst*, t. II, p. 293. Ce célèbre poète appartient au commencement du XVIe siècle de notre ère.

187. مخابرات «Correspondances», recueil des lettres d'Ahmed Midhat-Éfendi et de Muʿallim Nâdji, parues dans le *Terdjumân-i Haqîqat*, première partie. 1301.

188. مخزن الحكم «Le grenier des maximes», pièce de vers, par ʿIçmèt-Éfendi, ancien directeur de la correspondance de la province de Scutari (Albanie). 1300. Prix : 50 paras.

189. مراصد الحكم «Les observatoires des maximes

sages », traduction turque des Apophthegmes d'Ali, par 'Ali Haïdar-Éfendi. Imprimerie Es'ad-Éfendi 1301. Prix : 7 piastres.

Suivi de l'opuscule intitulé : نفحة الأسرار « Le parfum des mystères », traduction des paroles d'Ali, par Ibrâhîm Fakhr-uddîn Tchélébi, de l'ordre des Mevlévis de Maghnisa.

190. مسيرة « La promenade », roman. Fascicules 1 à 3. Chez Sérafim-Éfendi. 1299.

191. مصارع العشّاق « Les champs clos des amants », recueil d'anecdotes, par Abou Mohammed Dja'far ben Ahmed ibn es-Serrâdj le lecteur (cf. Hadji-khalfa, t. V, p. 575). Imprimerie du journal *El-Djéwâïb*. 1301.

192. مصطبهٔ خرابات « L'estrade des cabarets », poésies bachiques (au sens mystique), par Tevfiq-Éfendi, rédacteur du journal *Terdjumân-i Haqîqat*. 1301.

Cet ouvrage doit être suivi de deux autres, intitulés le premier پيالهٔ خرابات « La coupe des cabarets » et le second سبوى خرابات « La cruche des cabarets ».

193. معمّ نصيحت « Le maître du conseil », commentaire sur l'opuscule intitulé : نصيحت الحكماء « Conseils aux sages ». En deux fascicules. 1299. Prix de chaque livraison : 60 paras.

194. مقالة العرفاء فى مسائل الحكماء « Le discours des savants sur les questions qui divisent les sages ». Chez Es'ad-Éfendi. 1299. Prix : 3 piastres.

Sur les discussions entre les philosophes et les théologiens.

sur les preuves de l'existence de Dieu, la prophétie, la résurrection, etc.

195. مقالید عشق « Les colliers de l'amour », poème par le général de division Kiâzim-pacha. Chez Arakel-Éfendi. 1301. Prix : 3 piastres.

Élégie sur la tragédie de Kerbéla et la mort de Huséïn, fils d'ʿAli.

196. منتخبات ترجمان حقیقت « Extraits du journal *Terdjumân-i Haqîqat* », réunis en volume. 800 pages. 1301.

Recueil d'articles littéraires et scientifiques, de pièces de poésies, etc., dues à la plume des rédacteurs de cette feuille, et notamment d'Ahmed-Midhat-Éfendi (de son pseudonyme Méhemet Djevdet), de Muʿallim Naʿdji, de Masʿoud Kharâbâti, chéïkh Vaçfi-Éfendi, Nouri, Riza, Tevfiq de Salonique, etc.

197. مقامات الحریری « Les séances de Harîri », nouvelle édition. Le Caire, imprimerie d'Aslân-Éfendi Castelli. 1299. Prix : 30 piastres égyptiennes.

198. مقامات حریری « Les séances de Harîri », traduites en turc et commentées par Ahmed Hamdi-Éfendi, ancien directeur du bureau de composition et de traduction au ministère de l'instruction publique, aujourd'hui directeur des imprimeries au même département. Chez Esʿad-Éfendi. 1299. Prix : broché, 10 piastres.

199. مكارم الأخلاق « Les bienfaits de la morale », sur les vertus du Prophète et celles qu'il a prescrites à son peuple, par Radhi eddîn Abou-Naçr ben

Amîn-eddîn Abi-ʿAli Fadhlallah Ṭabarsî. Le Caire, imprimerie de Boulaq. 1300.

200. منتخبات أوليا چلبی « Extraits d'Evliyâ-Tchélébi ». Chez Arakel-Éfendi. 1300. Prix : 5 piastres.

Histoire et description de Constantinople et de ses monuments.

201. موسی بن ابی الغازان « Mousa, fils d'Abou'l-Ghâzân », ou حمیت « La loyauté », poème dans le genre *mesnévi*, sur des événements de l'histoire d'Espagne, par Muʿallim-Nâdji, rédacteur au *Terdjumân-i Haqîqat*. Chez Arakel-Éfendi. 1301.

202. نالۀ عشاق « La plainte des amants », poème élégiaque, par Kutchuk-Filibèli-Zâdèh M..... ʿAçim-bey. 1300.

Imitation du poème de Kiâzim-pacha, général de division et littérateur, intitulé : رياض أصفيا « Parterre des purs ».

203. ندامتله جنايت عفو اولورمی « Le crime dont on se repent peut-il être pardonné? » drame, par Saʿîd-bey, employé au *Dâr uch-Chafaqa* (hospice général). 1301.

204. نصائح ومناجات « Conseils et prières ferventes », en persan, par Khâdjeh ʿAbd-Allah Ançâri, avec plusieurs quatrains d'Abou-Saʿîd Abou'l-Khéïr. 54 pages in-8°. 1301.

205. نوادر الظرائف « Raretés curieuses et plaisantes », recueil de morceaux choisis des littérateurs et des poëtes ottomans, rangés suivant l'ordre chro-

nologique des sultans. Premier fascicule. Chez Qarabet-Éfendi. 1299.

206. نوای شوق یاخود صدای عشق «La mélodie du désir, ou l'écho de l'amour», collections des plus nouveaux *charqis* (chansons) composés par les maîtres de la musique. Fascicules 1 et 2. 1299.

207. نوبهارم «Mon printemps», poésies et morceaux de prose posthumes de feu Méhemet Émîn, fils de Tevfîq Ibrâhîm-bey, ex-directeur de la correspondance au ministère des travaux publics, publiés par son frère Méhemet ʿAli-bey. 1301.

Avec une préface et une élégie de Muʿallim-Nâdji, et orné du portrait de l'auteur.

208. هدیّه «Le cadeau», commentaire en turc sur le poème du *Borda* de Boûçîrî, abrégé. 1300. Prix : 7 piastres 1/2.

209. واسطة السلوك فى سياسة الملوك «Le moyen de connaître la politique des princes», traité de politique, traduit en turc par Rahmi-Éfendi, directeur des contributions indirectes de la Crète. 200 pages. Chez Arakel-Éfendi. 1299. Prix : 1/4 de medjidié.

Cf. Bibliographie ottomane, octobre-décembre 1880, p. 427, n° 100.

210. واه «Hélas!» roman national, par Ahmed Midhat-Éfendi. Fascicules 1 à 4. Imprimerie du *Terdjumân-i Haqîqat*. 1299. Prix : 16 piastres 1/2.

211. ونديك تاجرى «Le marchand de Venise», traduit de l'anglais de Shakespeare. Chez Arakel-

Éfendi. Imprimerie d'Abou'z-Ziyâ. 1301. Prix : 10 piastres.

212. يازمش ورلندم «Ce que j'ai écrit», recueil de lettres et de pièces de vers publiées dans le *Terdjumân-i Haqîqat*, par Mu'allim Nâdjî. Chez Alexan-Éfendi. Imprimerie Mihrân. 1301.

3. HISTOIRE, BIOGRAPHIE.

213. انكيزيسيون تاريخى «Histoire de l'Inquisition», œuvre posthume de feu Ziyâ-pacha. Chez Arakel-Éfendi. 1299.

214. تأريخ ابن الأثير «Histoire d'Ibn-el-Athîr», connue sous le nom de *Kâmil et-Tawârîkh;* sur les marges, l'ouvrage intitulé : عجائب الآثار فى التراجم والأخبار «Les monuments merveilleux en fait de biographies et d'événements», contenant l'histoire de la fin du XIIe siècle de l'hégire et du commencement du XIIIe (XVIIIe et XIXe siècles de notre ère), par le chéïkh 'Abd-er-Rahman el-Djabarti. Le Caire, imprimerie de l'université El-Azhar. Prix : 150 piastres égyptiennes.

215. تأريخ بدائع «Histoire des merveilles», traduction persane de l'*Histoire musulmane* de Subhi-pacha, par Iskender-Éfendi. Premier volume. 1299.

Voyez le titre de حقائق الكلام dans notre précédent article, 1882, n° 105.

216. تاريخ جودت «Histoire ottomane de Djevdet-pacha». Dixième volume, contenant le récit des évé-

nements compris entre les années 1226 et 1231 de l'hégire; in-8°, 268 et 8 pages. 1300. — Onzième volume, comprenant l'histoire du règne de Mahmoud II, depuis l'an 1232 jusqu'à l'an 1236. Imprimerie *ʿosmaniyyèh*. 1301. Prix : broché, 15 piastres. — Douzième volume, embrassant la période 1236-1241; avec de nombreuses pièces justificatives. 332 pages. Imprimerie *ʿosmaniyyèh*. 1301. Prix : broché, 17 piastres 1/2.

217. تاريخ جودت «Histoire ottomane de Djevdet-pacha». Réimpression du premier volume épuisé. Imprimerie impériale. 1301.

La publication de cet ouvrage était interrompue depuis six ans. Cf. Belin, *Bibliographie ottomane*, dans ce recueil, février-mars 1877, p. 138, n° 84.

218. تاريخ سوريه «Histoire de la Syrie», par Djurdji-Éfendi Yéni. 534 pages. Beyrouth, imprimerie du journal *Lisân el-Hâl*. 1300.

219. تاريخ عسكرى عثمانى «Histoire militaire ottomane», comprenant les événements de guerre et les institutions militaires depuis la fondation de l'empire jusqu'à nos jours, par Ahmed Djévâd-bey, colonel d'état-major et membre de la commission supérieure des travaux publics (aujourd'hui ministre plénipotentiaire au Monténégro). Livre I. Les janissaires; un volume in-4°, 304 pages avec un atlas de 17 planches lithographiées. Imprimerie du *Qyrq-Ambar*. 1299. Prix : 3 medjidiés.

220. تاريخ عمومى «Histoire universelle», par Mé-

hemet Murâd-bey, professeur d'histoire à l'École impériale civile. Volumes 4 à 6. 1299.

Voyez notre précédent article, 1882, n° 107. Les trois derniers volumes de cet ouvrage embrassent la période historique qui s'étend des croisades aux événements contemporains.

221. تبصره «Considérations», récits d'intrigues politiques, par 'Âkif-pacha. Nouvelle édition, publiée par Abou'z-Ziyâ Tevfîq-bey. 1300.

Cette édition d'un opuscule épuisé a été revue et corrigée sur un manuscrit authentique et correct. Elle contient, en outre, sous forme d'appendice, une lettre de Kémâl-bey, gouverneur de Mitylène, avec des considérations littéraires.

222. خلاصة الوقائع «Quintessence des événements», résumé de l'histoire ottomane, par 'Osman Hilmi-Éfendi, professeur à l'école (primaire supérieure) de Béchiktach. Chez Arakel-Éfendi. 1300. Prix : 5 piastres.

223. دستان آل عثمان «L'épopée de la famille d'Osman», ode composée à l'occasion de l'anniversaire de la fondation de la dynastie ottomane (en 699 de l'hégire), par Munif-pacha, ancien ministre de l'instruction publique. Imprimerie Mihrân. 1299.

224. سروری مجموعهسی «Recueil de Suroûri», comprenant des morceaux historiques du célèbre commentateur et de ses contemporains. 1300. Prix : 5 piastres.

225. سلك الدرر فى اعيان القرن الثانى عشر «Les perles enfilées, touchant les grands personnages du XIIe siècle de l'hégire», par Çadr-eddîn Abou'l-Fadhl Mo

ḥammed Khalîl-Éfendi el-Murâdi, mufti de Damas. 4e volume. Imprimerie de Boulaq. 1300. Prix : 77 piastres égyptiennes et 6 paras.

L'impression de cet ouvrage avait été commencée par feu ʿÂrif-pacha, qui en avait publié trois volumes; elle est continuée par les soins de son fils Ahmed-bey Esʿad.

226. شام تاريخى «Histoire de Damas», par Mouçtafâ-Éfendi, employé à la direction des contributions indirectes de Trébizonde. 1er fascicule. A la librairie orientale. 1301. Prix : 3 piastres 1/2.

227. عقد الجمان فى مزاياى آل عثمان «Le collier de perles, sur l'excellence de la dynastie d'Osman», poème dithyrambique, sur l'histoire de l'empire ottoman, par Méhemet Hilâl-Éfendi, président de la section correctionnelle de la cour d'appel d'Angora. Chez Sérafim-Éfendi. 1301. Prix : 70 paras.

228. قنادا وقعهسى «L'événement du Canada», histoire de la découverte de cette contrée, par Hâfizh Saʿîd-Éfendi. Par fascicules, à 60 paras l'un. Chez Sérafim-Éfendi; imprimerie Mahmoud-bey. 1301. Prix de l'ouvrage complet : 15 piastres.

229. كاشغر تاريخى «Histoire de Kâchghar», avec une description des merveilles de cette partie du Turkestan, par Méhemet ʿÂṭif-bey, employé à la comptabilité de la grande maîtrise de l'artillerie, à Top-Hané. Par fascicules. Imprimerie Mihrân. 1300-1301. Prix de chaque livraison : 50 paras.

230. كتبخانهٔ مشاهير «Bibliothèque des hommes

illustres », par Abou'z-Ziyâ Tevfîq-bey. Par livraisons à 60 paras l'une; in-12, 36 pages. Imprimerie Abou'z-Ziyâ (à Galata, à côté d'Arab-Djamissi). 1299-1301.

Fascicules parus : 1. Ibn Sina (Avicenne). — 2. Benjamin Franklin. — 3. Napoléon Ier. — 4. Diogène. — 5. Galilée. — 6. Hasan ibn Çabbâḥ. — 7. Gutenberg. — 8. Ésope. — 9. Yahya ben Khaled le Barmékide. — 10. Hâroûn er-Rachîd.

231. كزيدهٔ تاريخ عثمانى « Choix de l'histoire ottomane », par Ahmed Moukhtâr-Éfendi, professeur d'histoire à l'école de médecine. 1301. Prix : 8 piastres.

232. مجموعهٔ توارخ « Recueil d'annales », par le poète (et polygraphe) Suroûri. Ce recueil est composé d'extraits de ses propres ouvrages ou de ceux d'autres auteurs. 1299. Prix : 5 piastres.

Sur Mouçṭafâ-Tchélébi Suroûri de Gallipoli, voyez Hammer, *Geschichte der osman. Dichtkunst*, t. II, p. 287.

233. مرآت تاريخ عثمانى « Miroir de l'histoire ottomane », tableaux historiques, depuis la fondation de l'empire jusqu'à nos jours, à l'usage des écoles secondaires, par 'Azîz-bey, directeur de l'enseignement primaire supérieur. Chez Arakel-Éfendi. 1301.

234. مشاهير إسلام « Les hommes illustres de l'islamisme », bibliothèque historique en 100 fascicules, formant 8 ou 9 volumes, par Hamid Vehbi-Éfendi. Imprimerie Mihrân. 1300-1301. Prix de chaque numéro : 2 piastres.

Livraisons parues : 1. Ertoghrul-Ghazi. — 2. Sultan 'Osman. — 3. Firoûz-'Âbadi, l'auteur du *Qâmoûs*; sultan Orkhan. — 4. Sultan Mahmoûd de Ghazna. 5. — Hadjdjâdj. — 6. L'imam Motahher, roi du Yémen et khalife des Zéïdites (vaincu par Sinan-pacha en 1568). — 7. Ouzoun Hassan. — 8. Sultan Suléïman el-Qânoûni. — 9. Le khalife El-Mamoûn. — 10. Djélâl-eddin Akbar-Khan. — 11. Timoûrleng. — 12. Abou-Moslim Khorasâni. — 13. Sultan Murâd Ier. — 14. Qotaïba, conquérant du Turkestan. — 15. Châh Ismâ'il Çafawi. — 16. 'Abd-er-Rahman ben Mo'âwiya ben Hichâm (khalife de Cordoue). 17. 'Omar ben 'Abd-el-'Azîz, khalife oméyyade. — 18. Alp-Arslân le Seldjouqide. — 19. Sultan Bayézid Yildyrym. — 20. Le vizir Nizhâm-ul-Mulk. — 21. Khaïr-uddin pacha Barberousse.

235. موصل تاريخى « Histoire de la ville de Mossoul », par 'Abdullah-Éfendi, archiviste du conseil des forêts et des mines. 1301.

236. نفح الطيب « Le souffle des parfums », histoire des Arabes d'Espagne, de Maqqari. Nouvelle édition; en cours d'impression au Caire, imprimerie du journal *Watan*. 1300.

4. SCIENCES DIVERSES.

237. إجمال جغرافيا « Géographie résumée », à l'usage des classes supérieures des écoles secondaires militaires. Extrait du recueil مجامع فنون « L'encyclopédie ». 1301.

238. اراكل كتبخانه سى اسامئ كتبى « Liste des livres de la librairie Arakel », catalogue des ouvrages anciens et modernes que l'on trouve dans cet établis-

sement. In-8°, 272 pages. Imprimerie d'Abou'z-Ziyâ. 1301. Prix : 10 piastres.

La mention de chaque titre est accompagnée d'un résumé succinct du contenu de l'ouvrage. C'est la première fois qu'un travail bibliographique de ce genre paraît en Turquie.

239. أصول دفترئ جديد «Nouveaux principes de comptabilité», suivis de modèles de pièces usitées dans le commerce et dans la banque. Imprimerie Mihrân. 1301. Prix : 15 piastres.

240. أصول كشف معارى «Principes de la vérification en matière d'architecture», à l'usage des officiers du génie militaire, par Ahmed Chukri-bey, professeur d'architecture à l'École militaire. 209 pages. Imprimerie de l'école polytechnique. 1299.

241. أطلس «Atlas», recueil de cartes géographiques, à l'usage des écoles secondaires, par Suléïman Chevket-bey. 3ᵉ édition corrigée; contenant 9 cartes, plus une dixième consacrée à l'Asie occidentale et à la région du Nil et de la mer Rouge. Chez Arakel-Éfendi. 1300. Prix : 9 piastres.

242. اطلس وكتاب مختصر جغرافيا «Atlas et abrégé de géographie», 6ᵉ édition, revue et augmentée, de l'ouvrage précédent. Chez Arakel-Éfendi. 1301. Prix de l'atlas : 9 piastres; de l'abrégé, 3 piastres 1/2.

243. او قادينى «La maîtresse de maison», sorte de *Cuisinière bourgeoise* adaptée aux mœurs turques, par la dame 'Âïché Fakhriyyé, et publiée par Sérafim-

Éfendi. 443 pages avec planches lithographiées. Imprimerie Mahmoud-bey. 1300.

On y trouve, entre autres choses curieuses, l'indication de près de 900 plats de cuisine turque et de cuisine franque.

244. تاريخ فن حرب «Histoire de l'art de la guerre», traduit de l'allemand de Von der Goltz pacha, par Méhemet Tâhir-bey, lieutenant et aide de camp attaché à la mission militaire allemande. Vol. I. 1301.

245. تحت الجنين «Embryologie», traduit de l'ouvrage du Dr Warneville, par El-Hadj 'Osman Noûri, médecin-major du 54e régiment de ligne, 7e corps d'armée (Médine). 111 pages. Imprimerie de l'école de médecine. 1299. Prix : 1/2 medjidié.

246. تجارب حكميه وكيمويه «Expériences philosophiques et chimiques», traité de physique amusante, magie blanche, tours d'adresse, etc., traduit par Ahmed Ḥamdi-bey. Chez Arakel-Éfendi. 1301.

247. تطبيقات حساب «Applications de l'arithmétique», à l'usage des écoles supérieures; traduit du français. Imprimerie Abou'z-Ziyâ. 1301. Prix : 8 piastres 1/2.

248. التفاضل والتكامل «Traité de calcul différentiel et intégral», par Chéfiq-bey Mançoûr, fils de Mançoûr-pacha. 200 pages. Le Caire. 1299.

249. تقويم سال «Almanach pour l'année courante (1301 de l'hégire)», avec les éphémérides otto-

manes, par Eumèr Luṭfi-bey, secrétaire au bureau de la presse et élève de l'école de droit. 1301.

250. تقويم قمری «Calendrier lunaire» pour l'année 1299, avec l'indication des heures de la prière, du coucher et du lever du soleil et de la lune, etc. A l'association des libraires. 1299.

251. تلخيص الحساب «Abrégé d'arithmétique» à l'usage des écoles secondaires, avec un vocabulaire des termes techniques empruntés au français. Chez Sérafim-Éfendi. 1300. Prix : 6 piastres.

252. جغرافيای طبيعی «Géographie physique», avec dessins et cartes. Chez Qarabet-agha. 1301. Prix : 20 piastres broché.

253. جغرافيای حکمی «Géographie philosophique», traduite du français par le lieutenant Eumèr Çobḥi-Éfendi. 1301.

254. جنّت «La folie», traité de médecine légale appliquée à l'aliénation mentale, par le Dr Ibrâhîm Chevqî-bey, médecin-major de l'armée ottomane. Imprimerie de l'école de médecine. 1299.

255. چای رسالهسی «Traité du thé», sur ses qualités, son utilité, son emploi, par un amateur de thé. Chez Sérafim-Éfendi. 1300.

256. حديقة المهندسين «Le jardin des géomètres», par Ahmed Tevfiq-bey, lieutenant-colonel d'état-major. Par fascicules. 1300.

257. حركة حافظه للزمان «Mémoire sur la ques-

tion du mouvement perpétuel», par le khodja Kérîm-Éfendi. 1299. Prix : 50 paras.

258. حقوق دول «Droit international», par Sa'îd-bey, rédacteur en chef du *Vaqyt*, et Djibrâïl-Gharghoûr, avocat. In-12, 152 pages. Imprimerie d'Abou'z-Ziyâ. 1299.

259. حيوانات أهليه «Les animaux domestiques», traité d'hippiatrique et d'art vétérinaire en général, traduit du français du Dr Lecoq, par Méhémet Dânich-bey, professeur d'hippiatrique à l'école de médecine et membre de la société ottomane de médecine. 1300.

260. الدرّ المكنون في الصنائع والفنون «La perle cachée, sur les arts et les sciences», traité d'argenture, de dorure et de teinture, par Djurdjis-Éfendi Tannoûs 'Aun le Libanais. 320 pages. Imprimerie du Djévâib. 1301. Prix : 20 piastres.

261. ديشلرك حفظ صحتى «L'hygiène des dents», par Bésîm Eumèr-Éfendi élève de 9e année à l'école de médecine militaire, 1301.

262. ديواردهكى كولكه «L'ombre sur les murs», ou تجربه «L'expérience», instruction sur les ombres chinoises produites par la projection, sur un mur, de l'ombre des mains dans diverses positions, par Méhemet-Ziyâ. In-12, 32 pages. Imprimerie Aramian. 1299. Prix : 100 paras.

263 ربيع معرفت «Le printemps de la science», sorte d'annuaire scientifique, par Abou'z-Ziyâ Tevfiq-

bey. 3e et 4e années. Chez Arakel-Éfendi. 1300 et 1301. Prix : 7 piastres 1/2.

Cf. *Bibliographie ottomane*, 1882, n° 146.

264. رسالهٔ تحويل اوزان واكيال «Traité de la conversion des poids et mesures», en exécution de la loi sur l'introduction du système métrique en Turquie. 1299.

265. رهبر دريا «Le guide de la mer», contenant la description des côtes et des îles de l'Archipel. Première partie. 1299. Prix : 10 piastres.

266. رهبر علم حفظ صحت «Guide de la science de l'hygiène», à l'usage des écoles secondaires, par le Dr Élias Maṭar Éfendi, professeur d'hygiène à l'école d'administration. Chez Sérafim-Éfendi. 1299. Prix : 100 paras.

267. رهبر مقاييس «Le guide des mesures», traité de la conversion des anciennes mesures en nouvelles, d'après le système métrique, par ʿAbd-ul-Laṭif Éfendi, inspecteur des écoles secondaires. 1299.

268. رهنماى زراعت «Le guide de l'agriculture», principes de chimie agricole, de géologie élémentaire et de physiologie végétale, en style simple et à la portée de tout le monde, par Sâlim-bey, directeur-propriétaire du journal *Ziráʿat* (l'Agriculture). Par fascicules. Chez Arakel-Éfendi. 1300.

269. رهنماى سفائن «Le guide des navires», par Méhemet-bey d'Âq-Séraï, président de la commis-

sion technique à l'état-major de la marine. Imprimerie d'Abou'z-Ziyâ. 1301.

Sur les déviations de la boussole dans les navires en fer et en bois.

270. رهنمای غرّاسین «Le guide des horticulteurs», traité de la culture des arbres fruitiers, traduit du français de M. Bruel, professeur d'arboriculture à Paris, par le lieutenant-colonel Méhemet-ʿAli-bey, professeur de botanique à l'école de médecine militaire. Paru par livraisons. Imprimerie Esʿad-Éfendi. 1300. Prix de chaque fascicule : 3 piastres, l'ouvrage complet, relié : 15 piastres.

271. روم ایلی خریطه‌سی «Carte de la Roumélie», d'après la carte de l'état-major autrichien, traduite en turc dans les bureaux de l'état-major général ottoman. Chez Qarabet-agha. 1301.

272. زبدلرك تحلیلات كیمیویه لری حقنده تجارب جدیده «Nouvelles expériences relatives à l'analyse chimique du beurre», considérations médico-chimiques sur le beurre de Sibérie employé à Constantinople, par M. Joseph Zanni, traduit en turc par Yanqo de Bafra et Huséïn Khalqî, élèves de l'école de médecine. In-8°, 20 pages. Imprimerie du *Djéridé-ï ʿaskériyyé*. 1300.

273. سالنامه «Annuaire officiel de l'empire ottoman» pour 1299. 37ᵉ année; in-8°, 428 pages. Imprimerie de Mahmoud-bey. 1299. Prix : 13 piastres.

274. سالنامه «Annuaire officiel de l'empire ottoman» pour l'année 1300. 38e année; petit in-8°, 420 pages. Imprimerie Abou'z-Ziyâ (Ebuzzia), à Galata. 1300. Prix : 25 piastres.

Jolie édition, caractères neufs; impression fine et nette; quelques fautes.

275. سالنامه «Annuaire officiel de l'empire ottoman», pour l'année 1301; 39e année. Rédigé par les soins du ministère de l'instruction publique; in 8°, 624 pages. Imprimerie *'osmaniyyéh*. 1301. Prix : 20 piastres.

276. انقره ولايتى سالنامه‌سى «Annuaire de la province d'Angora», pour l'année 1306. Imprimerie d'Abou'z-Ziyâ. 1300. Chez Sérafim-Éfendi. Prix : 10 piastres.

Voyez un article critique du *Journal de Constantinople*, n° du 24 mai 1883.

277. بروسه ولايتى سالنامه‌سى «Annuaire de la province de Brousse (Hudâvendiguiâr)», pour l'année 1301. Imprimerie de Férâïzhdji-zâdèh Méhemet Châkir. 1301.

278. ديار بكر ولايتى سالنامه‌سى «Annuaire de la province de Diarbékir», pour l'année 1300. — Le même, pour l'année 1301. Imprimé à Diarbékir. Chez Sérafim-Éfendi. Prix : 11 piastres.

Contient des renseignements géographiques, historiques et statistiques.

279. حلب ولايتى سالنامه‌سى «Annuaire de la pro-

vince d'Alep », pour l'année 1300. Chez Sérafim-Éfendi. Prix : 10 piastres.

280. قوصوه ولايتى سالنامەسى « Annuaire de la province de Kossova », pour l'année 1300. Avec une carte. Chez Sérafim-Éfendi.

Liste des fonctionnaires; statistique; histoire de sa dénomination, etc.

281. صو « L'eau », traité des qualités et des vertus des eaux de Constantinople et de Brousse, ainsi que de celles du lac de Derkos, par Mouçtafâ 'Azmi-bey et Bésîm-bey, élèves de l'école impériale d'administration; 340 pages et 60 dessins. Chez Arakel-Éfendi. 1300. Prix : 10 piastres.

282. صور الكواكب « Apparences des constellations », uranographie, avec une carte céleste. Chez Es'ad-Éfendi. 1299. Prix : 3 piastres.

283. طاوق بسلمك « L'élevage de la poule », par Minas-Éfendi, adjudant-major vétérinaire. 1301.

284. علم أحوال أقوام « La science de l'état des peuples », traité d'ethnographie, par 'Osman-bey, inspecteur en chef à l'école d'administration. 1301.

285. علم أمراض داخليه « La science des maladies internes », traité de pathologie, traduit du français par le Dr Élias Maṭar et le Dr Nâfiz-bey. Chez Sérafim-Éfendi. 1299. Prix 25 piastres.

286. علم حساب مقدمەسى « Prolégomènes de l'arithmétique », par Nédjîb-pacha, général de division d'état-major. Imprimerie Mihrân. 1301.

287. علمی ونظری علم حساب « Arithmétique pratique et théorique », cours fait à l'école impériale d'administration, par Ahmed-Chukri-bey, lieutenant-colonel d'état-major. Chez Qarabet-Éfendi. 1301.

288. فنّ اشکال خارجیه « La connaissance des formes extérieures » pour les chevaux et les autres animaux domestiques, traduit du français par Dânich-bey, colonel et professeur d'hippiatrique de l'armée impériale. Chez Qarabet-agha. 1301.

289. قاموس طبّی « Dictionnaire médical », en français et en arabe, avec les termes techniques français transcrits en caractères arabes, par Iskender Ni'mèh, traducteur au conseil de santé égyptien. Le Caire. 1882.

290. قواعد التحولات فی حرکات الذرّات « Les règles des changements dans les mouvements des atômes », notions sur les principes des sciences mathématiques et physiques, par Sédâd-bey, fils de S. Exc. Djevdet-pacha. 1300.

291. قولرا رسالهسی « Traité de choléra », par Élias Maṭar-Éfendi, professeur d'hygiène à l'école de médecine et employé au ministère de l'instruction publique. Chez Qarabet-agha. 1300. Prix : 3 piastres.

292. كتاب الدراسة الاولية « Le livre du professeur élémentaire » sur la géographie physique, l'astronomie, l'aérographie, l'hydrographie et la géognosie, traduit du français en arabe par Ahmed-Éfendi Hasan er-Rachîdi, professeur à l'école de médecine

du Caire. 216 pages. Imprimerie du journal *El-Djéwâïb*. 1301. Prix : 12 piastres.

293. كتاب السياسة في علم الفراسة « La bonne direction dans la science de la physiognomonie », par Mohammed ben Abi Ṭâleb, çoûfi de Damas et chéïkh de Rabwèh. Le Caire. 1299. Prix : 6 piastres égyptiennes.

Cf. Hadji-Khalfa, t. III, p. 633, n° 7304.

294. كچى بسلمك « L'élevage des chèvres », petit traité, sans nom d'auteur. 1299. Prix : 2 piastres.

295. كنز الصحة « Le trésor de la santé », traité de médecine, par ʿOsman-Khéïri-Éfendi. Forme deux volumes, 1,830 pages. Imprimerie ʿ*osmaniyyèh*; 1er volume. 1300. Prix : relié, 40 piastres.

Extrait de cent onze traités divers sur la médecine, et contenant en outre les observations personnelles de l'auteur.

296. لغات تاريخيه وجغرافيه « Dictionnaire d'histoire et de géographie ». 7 volumes. Chez Esʿad-Éfendi. 1300.

297. مباحث تلغراف « Questions télégraphiques », traité technique sur l'emploi du télégraphe électrique, cours professé par M. Lacoine, traduit en turc par Raïf-Éfendi. 1300.

298. مباحث علم ثروت « Questions d'économie politique », par Nouri-bey, membre du conseil des contributions indirectes. Suivi d'un appendice par Rifʿat-Éfendi, sous-directeur de la même administration. En deux livraisons. Imprimerie Mahmoud-

bey. 1299-1300. Prix de chaque fascicule : 1/4 de medjidié.

299. مبادی الحساب «Principes de l'arithmétique», par Hâfizh Sa'îd-Éfendi. En quatre parties, dont la première est seule parue. Chez Sérafim-Éfendi. 1301. Imprimerie Mahmoud-bey. Prix : 60 paras.

300. مبادئ فن رسم «Principes de l'art du dessin», par le lieutenant Nedjîb-Éfendi, professeur de français des écoles secondaires militaires. 1300. Prix : 150 paras.

301. مبتكرات حسابيه «Primeurs arithmétiques», par Nédjîb-Éfendi Nâdir. 1301. Prix : 2 piastres.

302. مبحث الجنين ونشو ونماى نوع بنى بشر «Embriogénie et croissance de l'espèce humaine», traduit du français de MM. Bouis et Bouchard, par Mouçtafâ Noûri-bey, professeur-adjoint de nosologie interne et professeur d'anatomie à l'hôpital de Haïder-pacha. Imprimerie Mihrân. 1301.

303. مجموعهٔ فن مساحه «Traité complet d'arpentage», traduit du français par le général de division 'Osmân Nâzhim-pacha, commandant la 12e division d'infanterie (6e corps d'armée); augmenté de considérations et de remarques. Imprimerie Es'ad-Éfendi. 1299. Prix : 12 piastres.

304. مجموعهٔ مفيده «Le recueil utile», problèmes scientifiques et questions de toute nature, recueillis et traduits du français par Ahmed Hamdi, fils d''Ali Nédjîb-pacha. In-8° de 24 pages. Imprimerie Mihrân. 1299. Prix : 3 piastres 1/2.

305. مختصر اصول دفتری «Principes abrégés de comptabilité». Extrait de la revue *Médjâmi'-i funoûn* (voy. plus loin, n° 441). Chez Arakel-Éfendi. 1300. Prix : 7 piastres.

306. مختصر جغرافیا «Géographie abrégée», à l'usage des écoles secondaires, par le lieutenant-colonel Suléïman Chevket-bey, membre de la direction de l'artillerie au ministère de la guerre. 5ᵉ édition revue et complétée. Chez Arakel-Éfendi. Imprimerie du *Djéridé-i 'askériyyèh*. 1299. Prix : 3 piastres 1/2.

307. مختصر کیمیا «Chimie abrégée», traduite du français de Pelouze et Frémy par le commandant Ihsân-bey, professeur de chimie et de médecine à l'école du génie militaire. Chez Sérafim-Éfendi. Imprimerie de la Grand' maîtrise de l'artillerie à Tophané. 1300-1301. En deux volumes. Prix du premier : 20 piastres; du second : 15 piastres.

308. مختصر هندسه «Abrégé de géométrie» à l'usage des commençants, suivi d'une table des termes techniques français. Chez Qarabet-agha. 1300.

309. مخطرۀ ارکان حربیه «Aide-mémoire d'état-major», par le général Von der Goltz-pacha, traduit de l'allemand par Méhemet Tâhir-bey. 1301.

310. مزرعۀ معارف «Le champ cultivé des sciences», par Latîf-Éfendi, contrôleur des finances à Salonique. 5 fascicules parus; chez Sérafim-Éfendi; im-

primés à Salonique. 1300. Prix de chaque livraison : 70 paras.

311. مسلمانلرك طبابته ایتدکلری خدمت « Les services rendus à la médecine par les musulmans », traduit par Husëin Khalqî-Éfendi. Chez Arakel-Éfendi. 1300. Prix : 7 piastres 1/2.

312. معلومات مختصرهٔ قولرا « Informations abrégées sur le choléra », prescriptions hygiéniques et nosographie de la maladie, par le Dr Mouçtafâ-Mounîf Efendi, professeur-adjoint de clinique chirurgicale à l'école de médecine. 1300. Prix : 2 piastres.

313. مفتاح الهندسه « La clef de la géométrie », par Ahmed Râghib-Éfendi. 2e édition. 1300. Prix : 10 piastres.

Voyez *Bibliographie ottomane*, 1882, n° 178.

314. ممالك محروسه خریطهسی « Carte de l'empire ottoman », avec l'indication des nouvelles frontières; en 6 feuilles. Chez Arakel-Éfendi. Imprimerie du génie militaire. 1301. Prix : 30 piastres.

315. نغمات عثمانیه « Mélodies ottomanes », airs turcs recueillis et notés en musique par les frères Tachdjiân. 1300.

Nombreuses fautes d'impression dans le texte turc des chansons.

316. دو اصول مکمل علم حساب « Traité complet d'arithmétique, suivant les nouvelles méthodes », conforme aux programmes des écoles secondaires. Chez Sérafim-Éfendi. 1300. Prix : 10 piastres.

317. نوم وحالات نوم «Le sommeil et les rêves», par Ahmed-Midhat-Éfendi. Imprimerie du *Terdjumân-i Haqîqat*. 1301.

318. هندستان وسرات وافغانستان سياحتنامهسی «Voyage dans l'Inde, la contrée de Surate et l'Afghanistan», par le molla Ahmed Hamdi-Éfendi, président du conseil de la censure au ministère de l'instruction publique. Chez Arakel-Éfendi. 1301. Prix : relié, 17 piastres 1/2.

Contient les observations faites pendant une mission dans la partie musulmane de la contrée de Surate.

319. هندسهٔ رسميه وتطبيقات متنوعه «La géométrie descriptive et ses applications diverses», traduit du français de Leroy par Khaïri-bey, directeur des chemins de fer à l'état-major général et professeur honoraire à l'école de génie militaire. En deux parties, chacune de plus de 300 pages. La première partie et une fraction de la seconde ont paru. Imprimerie de l'école du génie. 1301. Prix : 2 medjidiés 1/2.

320. يكى اولچولره اچيق حساب «Barème des nouvelles mesures», tables de conversion des anciennes mesures en nouvelles (loi sur l'établissement du système métrique, en vigueur à partir du 1er/13 mars 1882). Imprimerie du *Terdjumân-i Haqîqat*. 1299. Prix : 40 paras.

321. يكى مقياسلره دائر رساله «Traité des nouvelles mesures», exposition du système métrique des poids et mesures, par Ghâlib-bey. 1299. Prix : 3 piastres.

5. LINGUISTIQUE, RÉDACTION, GRAMMAIRE.

322. إبداع الابداء في فتح ابواب البناء «Nouveaux principes touchant l'ouverture des portes de la construction arabe», traité élémentaire de syntaxe, en arabe, par le chéïkh Ibrâhîm-Éfendi el-Aḥdab. 135 pages. Beyrouth, imprimerie du journal *Thamarât el-Funoûn*. 1299. Prix : 7 piastres 1/2.

323. إجمال نحو «Traité abrégé de syntaxe», par le molla Hadji Tevfiq-Éfendi Tcherkess-chéïkhi Zâdèh, cadi de Constantinople. 1301.

324. أساس الإقتباس «Base de l'emprunt littéraire», traité des citations et des lieux communs employés dans la rédaction, par le cadi Ikhtiyâr-eddîn ebn es-Séyid Ghiyâth-eddîn el-Huséïni. 192 pages. Imprimerie Mihrân. 1299. Prix : 10 piastres.

Cf. Hadji-Khalfa, t. I, p. 264, n° 561.

325. أساس البلاغة «La base de l'éloquence», par l'imam Abou'l Qâsim Mahmoud ben 'Omar Zamakhchari, publié par Youssouf-Éfendi Chît. En deux volumes (1er vol., 337 pages; 2e vol., 370 pages). Le Caire, Imprimerie *Vehbiyyè*. 1299. Prix : 20 fr.

Voyez Hadji-Khalfa, t. I, p. 264, n° 563.

326. استاد مقصود «Le maître du but recherché», clef de la langue arabe, abrégé du traité de grammaire connu sous le nom de *Maqçoûd* (le but recherché), par Méhemet Djémîl-Éfendi. Chez Arakel-Éfendi. 1301. Prix : 100 paras.

On ignore le nom de l'auteur du *Maqçoûd;* la plupart l'attribuent à Abou-Hanîfa. Voyez Hadji-Khalfa, t. VI, p. 91, n° 12803.

327. استاد عوامل « Le maître des particules régissantes », explication facile du traité de grammaire intitulé *'Awâmil* (les particules régissantes), par Méhemet Djémîl-Éfendi. 1301. Prix 60 paras.

Voyez, sur le traité appelé communément *'Awâmil*, notre précédent article, 1882, n° 1 et 196.

328. أسرار التعلم « Les mystères de l'instruction », grammaire turque, en arabe. 80 pages. Imprimerie du journal *El-Djéwâïb*. 1299. Prix : 90 paras.

329. أصول املا « Principes de l'orthographe », par Méhemet Râchid-Éfendi, professeur d'orthographe et d'écriture à l'école impériale navale (à Halki, îles des Princes). Avec des exemples de prose et de vers, proverbes turcs, etc. 4 livraisons réunies en un seul volume de 320 pages. Chez Arakel-Éfendi. 1301. Prix : relié 7 piastres.

330. أصول فارسى « Éléments de la langue persane », par Féïzi-Éfendi, professeur de persan au lycée impérial de Galata-Séraï. 1299. Prix : 5 piastres. — 2e édition, chez Arakel-Éfendi. 1301. Prix : 4 piastres.

331. الفباى بهروزى « L'alphabet du bonheur », en persan, par Mirza Riza-Khân, 1er secrétaire et 1er drogman de l'ambassade de Perse à Constantinople (aujourd'hui consul général de la même puissance à Alep). Lithographié en caractère *nesta'liq;*

in-8°, 26 pages. Imprimerie de la Société persane. 1299 (= 1251 de l'ère de Yezdgird).

Essai de reconstitution de la langue persane par le bannissement de tous les mots arabes. — Les mots obsolètes employés par l'auteur sont traduits en arabe dans les interlignes.

332. انااختار حلقه‌سی «L'anneau de la clef», traité de grammaire arabe appliquée aux mots de cette langue usités en turc, par Méhemet Chems-uddîn-bey. Imprimerie d'Es'ad-Éfendi. 1299.

Sorte d'introduction, pour les enfants, à la lecture de la série de leçons intitulée : اناختار «la clef». Voyez notre *Bibliographie ottomane*, 1882, n° 185.

333. بدرقهٔ لسان فرانسوی «Le guide de la langue française», par le capitaine adjudant-major Béchîr Fuâd-bey, membre du conseil du contrôle de l'intendance. 1re partie, règles de la conjugaison, d'après les principes de la grammaire d'Otto, de Heidelberg. 1301.

334. بديع الانشاء والصفات في المكاتبات والمراسلات «Le livre merveilleux sur la rédaction et l'emploi des épithètes dans le style épistolaire et les correspondances», par Mar'i ben Yousouf ben Abi-Bekr Ahmed el-Maqdisi; suivi de l'*inchâ* ou recueil de modèles de lettres de Hassan 'Aṭṭâr. 230 pages. 1299. Prix : 12 piastres.

335. بنا «La construction grammaticale», traité de la construction en syntaxe arabe, rédigé en arabe

et en turc par un savant. A l'usage des écoles secondaires. 1300.

336. بيان العنوان «L'exposition du titre», par S. Exc. Djevdet-pacha. 2e édition, corrigée. Chez Qarabet-agha. 1299. Prix : 100 paras.

Sur les titres rimés et les préfaces des ouvrages arabes.

337. پروز نگارش پارسی «Principes de la rédaction persane», traité de composition littéraire en persan par, par Mirza Riza-Khân Efchâr, premier secrétaire et premier drogman de l'ambassade de S. M. le Châh de Perse à Constantinople (aujourd'hui consul général à Alep). In-8°, 119 pages et 6 pages d'*errata*. Imprimerie du journal persan *Akhtèr*, à Validé-Hân (Stamboul). 1300 (=1252 de l'ère de Yezdgird).

Essai de reconstitution du persan non mélangé de mots arabes; les mots difficiles et inusités sont expliqués en arabe sur les marges. Cet ouvrage contient également des modèles de lettres d'affaires et de commerce, dans le même style, lithographiés en écriture *chikestè*. D'après un critique indigène, «on peut dire que l'auteur a réussi à vivifier et à recréer une langue à demi-morte» (article signé Khâdjeh Féïzi Irâni [Féïzi-Éfendi] dans le *Vaqyt*, n° du 8 septembre 1883.

338. تجويد «Traité de la récitation correcte du Qorân», d'après de nouveaux principes, par 'Abdi Kiâmil-Éfendi, directeur de l'école *Chems-ul-mé'ârif*. Chez l'auteur, à l'école primaire de la Suléïmaniyyèh. 1299. Prix : 1 piastre.

339. تحفة الإخوان في شرح فتح الرحمن «Présent fait aux frères, commentaire de la *Révélation miséricor-*

dieuse » par Ahmed Fâïz-Éfendi, uléma de la Suléïmaniyyèh, fils du chéïkh Mahmoud-Éfendi. 1300. Prix : 3 piastres 1/2.

Commentaire sur le poème didactique intitulé : فتح الرحمن في علمي المعاني والبيان « Révélation miséricordieuse sur les deux sciences du sens des mots et de l'exposition », écrit par le grand-père du commentateur, le chéïkh Ma'roûf-Éfendi.

340. تحفة السامى لتحصيل المبتدى « Cadeau de Sâmi-bey pour l'instruction du commençant », principes de grammaire arabe et persane appliqués aux mots de ces deux langues usités en turc, par Sâmi-bey, employé à la Direction de la correspondance du Ministère des affaires étrangères. 180 pages. Imprimerie d'Es'ad-Éfendi. 1299. Prix : relié, 15 piastres.

341. ترجمان السالك الى ألفية ابن مالك « L'interprète de celui qui voyage vers l'*Alfiyyèh* d'Ibn Mâlek », traduction turque et commentaire du célèbre poème didactique d'Ibn Mâlek, par Mahmoud Nédîm-Éfendi Tcherkess, employé à la correspondance du ministère de l'Evkâf. 1301.

342. ترجمهٔ مفتاح البدائع « Traduction turque de la *Clef des figures de rhétorique* », par Nazîf-bey, fils du molla Suroûri-Éfendi. 1301.

Le *Miftâh el-bédâ'i'* de Wahid-eddîn Tebrîzi est cité par Hadji-Khalfa, t. VI, p. 10, n° 12553. La traduction actuelle est enrichie de nombreux exemples empruntés à la langue persane.

343. ترجمهٔ عوامل تحفهسى « Traduction turque de

l'*Awâmil*», traité des particules régissantes, par Khaïri-bey, de Roustchouq. 1300. Prix : 100 paras.

Sur l'*Awâmil*, voyez notre précédente notice, 1882, n°s 191 et 196.

344. ترجمه مختصر منطق «Logique abrégée, en turc», par Ahmed Hamdi-Éfendi, président du conseil de censure au ministère de l'instruction publique. Imprimerie d'Es'ad-Éfendi. 1299. Prix : 2 piastres.

345. تسهيل العروض والقوافي والبدائع «Explication facilitée de la prosodie, de la rime et des ornements de la rhétorique», par Ahmed Hamdi-Éfendi, président du conseil de censure au ministère de l'instruction publique. Chez Es'ad-Éfendi. 1299. Prix : 4 piastres.

346. تسهيلات برزنجيه در عوامل جدوليه «Facilités de Berzindji sur les tables des particules régissantes», explication en turc de cette partie de la grammaire arabe, avec des exemples, par Ahmed Fâïz-Éfendi, uléma de la Suléïmaniyyèh, natif de Berzindj.

347. تعرفهلى منشآت «Recueil épistolaire, avec tarif». Chez Qarabet-Éfendi. 1300.

348. تعريفات «Définitions», par le séïd Djordjâni. Imprimerie d'Es'ad-Éfendi. 1300. Prix : 12 piastres.

Réimpression de l'édition publiée au Caire, à l'imprimerie de Wahbi-Éfendi, en 283 de l'hégire (avec les définitions abrégées d'Ibn Arabi à la fin.)

349. تعلم اللسان «L'enseignement de la langue».

vocabulaire français-turc et turc-français. Chez Qarabet-Éfendi. 1301.

350. تحصيل التأليف في توضيح مسائل التصريف «Composition détaillée touchant l'explication des questions relatives à la flexion (des mots arabes), par El-Hadj Ibrâhîm-Éfendi, en turc. 1299.

351. تفهم اللسان «L'art de faire comprendre la langue», exposé des règles de la grammaire et de la conversation en anglais et en français, par Méhemet Lutfi Muzhaffer-bey, élève de troisième année au Lycée impérial de Galata-Séraï. A la librairie de Stamboul. 1301.

352. الجاسوس على القاموس «L'espion investigateur du *Qámous*», critique du célèbre dictionnaire arabe de Firoûzâbâdi, par le directeur du journal *El-Djéwâïb* (Ahmed Fârès ech-Chidiaq). Un volume, 690 pages. Imprimerie de l'*El-Djéwâïb*. 1299. Prix : 108 piastres.

353. جديد رسالة شمسيه «Nouveau traité de logique dit *Chemsiyyè*», commentaire sur l'opuscule de Nedjm-eddîn ʿOmar ben ʿAli Qazwîni, par le molla Méhemet Nouri-Éfendi Khodja-Zâdèh, de Sofia; avec des annotations marginales. Chez Hadji ʿAli-Éfendi, de Philippopoli, au grand bazar. 1301. Prix : 5 piastres.

Voyez Hadji-Khalfa, t. IV, p. 76, n° 7667.

354. جنان الجناس «Les jardins de l'allitération», traité de rhétorique arabe, par Çalâh-eddîn Çafadi,

suivi de l'ouvrage intitulé : مناهج التوسّل فى مباهج الترسّل «Les voies de l'entremise dans les beautés de la correspondance», par ʿAbd-er-Rahmân Besṭâmi. Un volume, 160 pages. Imprimerie du journal *El-Djewâïb*. 1300. Prix : 8 piastres.

Sur le premier de ces deux ouvrages, voyez Hadji-Khalfa, t. II, p. 631, n° 4208; et sur le second, même ouvrage, t. VI, p. 158, n° 13060.

355. حاشية الدسوقى «Gloses de Dasoûqi» sur le grand commentaire de Dardîr, avec le texte de ce dernier dans les marges; traité de rhétorique. 1er volume. Le Caire, imprimerie de la mosquée d'*El-Azhar*. 1299. Prix : 60 piastres égyptiennes.

356. حاشية على عوامل تحفة سى «Cadeau fait aux particules régissantes, avec gloses marginales», commentaire de l'*Awâmil*, par Mouçtafâ Lébîb-Éfendi, agrégé (*ders ʿamm*) de la mosquée de Bayézîd. Chez le libraire ʿAli-bey, au bazar des papetiers. 1301. Prix, relié : 15 piastres.

357. حسن التوسّل الى صناعة الترسّل «Le meilleur intermédiaire pour arriver à confectionner des correspondances», par Chihâb eddîn Abou' ch-Chéfâ Mahmoud ben Soléïmân El-Halébi (auteur de la fin du VIIIe siècle de l'hégire, mort en 825). Le Caire. 1299. Prix : 4 francs.

358. حسن خط فرانسوى «Calligraphie française», par un professeur de français des écoles secondaires militaires. Chez Arakel-Éfendi. 1300. Prix : 3 piastres.

359. خلاصۀ قواعد ترکیه «Abrégé des règles de la grammaire turque», par le molla Méhemet-Éfendi, premier professeur de l'école secondaire de Sultan-Sélim. Chez Sérafim-Éfendi. 1301. Prix : 2 piastres.

360. خواجه‌نك وظیفه‌سی «Le devoir du maître», traité élémentaire de pédagogie. 1299.

361. درّة الغواص فی أوهام الخواص «La perle de celui qui plonge dans les pensées fausses des grands personnages», erreurs et fautes grammaticales corrigées, par Abou Mohammed ben el-Qâsim ben 'Ali Harîri, suivie de son commentaire par Ahmed Chihâb eddîn Khafâdji. 265 pages; imprimerie de l'*El-Djéwâïb*. 1300. Prix : 25 piastres.

Sur le commentaire de Khafâdji, cf. Hadji-Khalfa, t. III, p. 206.

362. رهنمای مكالمۀ فارسیه «Le guide de la conversation persane». 1301. Prix : 60 paras.

363. روح الحروف «L'esprit des lettres», traité de la récitation correcte du Qorân, par Hasan-Éfendi, professeur à l'école primaire de Qara-Moursal (district d'Ismîd). 1301.

364. زبدة الإظهار «La crème de la *Démonstration*», principes de la grammaire arabe; traduction abrégée du إظهار الأسرار «Démonstration des mystères» de Mohammed ben Pir-'Ali Birgili (Birkéwî), par Ishaq Noûri-Éfendi, professeur à l'école secon-

daire de Zéïrèk. Chez Ohannès-agha, au pont de Qara-Keuï. 1301. Prix : 6 piastres.

Cf. Hadji-Khalfa, t. I, p. 346, n° 886.

365. صرف فرانسوی جدول «Tableaux de la grammaire française», par Ahmed 'Ârifi-bey. Imprimerie Mihrân. 1301.

366. طريق الهجاء والتمرين «La voie de l'alphabet et de l'instruction», sur la lecture et l'écriture, par 'Ali Mobârek-pacha. Fasc. I, contenant l'alphabet, les règles de l'écriture, et des exemples moraux. Fasc. II, comprenant les règles de la lecture de l'arabe. Le Caire, imprimerie d'Aslân-Éfendi Castelli. 1299-1300. Prix : 2 piastres égyptiennes et 1/4, et 3 piastres égyptiennes et 1/4.

367. العقود الدرية «Les liens brillants», commentaire sur certaines questions grammaticales. Imprimerie du journal arabe *El-I'tidal*. 1301. Prix : 6 piastres.

368. علاوۀ نخبة الأدب «Appendice aux *Effluves littéraires*», complément du traité de composition qui porte ce titre, par Izzet-Éfendi, directeur de la correspondance de la province d'Alep. Chez Arakel-Éfendi; Alep, imprimerie du gouvernement. 1299. Prix : 7 piastres 1/2.

Voyez *Bibliographie ottomane*, 1882, n° 201; et plus loin, n° 386.

369. علاوۀلى اناختار «La clef, avec supplément», suite de la série de leçons intitulée : *La clef*, par

Méhemet Chems-uddîn-bey. Imprimerie d'Es'ad-Éfendi. 1299.

Voyez notre précédent article, 1882, n° 185, et ci-dessus, n° 332. Les fascicules qui ont suivi les quatre premiers portent tous ce nouveau titre.

370. غلطات «Erreurs populaires corrigées», par S. Exc. Sirri-pacha, gouverneur-général de la province de Trébizonde. Imprimerie Abou'z-Ziyâ. 1301. Chez Arakel-Éfendi. Prix : 4 piastres.

371. غنية اللغات «Le remplaçant des dictionnaires», lexique français-turc, par Chukri et Mikhaïl, traducteurs au bureau de traduction et de composition du ministère de l'instruction publique. 1er volume, contenant les lettres A à F; 31 fascicules. Imprimerie Aramiân. 1300. Prix, relié : 60 piastres.

Dans cet ouvrage, les mots turcs sont suivis de leur transcription en caractères romains.

372. فنارى شرح «Commentaire sur le traité de logique de Fénâri», par Séïd Abd-ur-Rahîm Ziyâ-uddîn-Éfendi, fils de feu le chéikh 'Îsa Çafâ-uddîn-Éfendi, de Baghdad. 1301.

Cf. Hadji-Khalfa, t. I, p. 503.

373. فوائد المتعلم «Le livre utile à l'étudiant», destiné à l'enseignement de la lecture des différentes sortes d'écriture turque, par 'Izzet-Éfendi, capitaine adjudant-major, directeur de l'école secondaire militaire de Fâtih (Mohammediyyèh). Composé pour l'enseignement de seconde année à l'Hospice général

(*Dâr-uch-chafaqa*). Imprimerie Mihrân. 1301 (4ᵉ édition). Prix : 3 piastres.

374. [ال] فيض العم فى أسرار التعلم «L'abondance universelle touchant les secrets de l'enseignement», cours de lecture, suivi de conseils moraux et autres, par Djevdet-Éfendi, directeur des écoles primaires au ministère de l'instruction publique. 1300.

375. قاموس فرانسوى «Dictionnaire français-turc», par Ch. Sâmi-bey Fraschery (Frâcherî). Petit in-8°, 1630 pages. A paru en 102 fascicules. Imprimerie Mihrân. 1299. Prix, relié : 1 livre turque

376. قاموس فرانسوى «Dictionnaire turc-français» à l'usage des Turcs et des étrangers (contre-partie du précédent), par Sâmi-bey (Frâcherî). Paraît par livraisons, à raison d'une par semaine; 60 livraisons parues. Imprimerie Mihrân-Éfendi. 1300-1301. Prix de chaque livraison : 60 paras.

L'auteur a surtout cherché à donner un lexique de la langue ottomane actuelle, en bannissant de son ouvrage tous les mots arabes et persans qui n'appartiennent pas à la langue de nos jours; les vieux mots turcs tombés en désuétude sont indiqués par un signe spécial.

377. قدوة المنشآت «Le guide des compositions littéraires». 1299. Prix : 10 piastres.

378. قرائت نافعه «La lecture utile», exercices de lecture turque à l'usage des enfants, par Hâfizh Tahsin-Éfendi, professeur à l'école du Defterdar, à Top-hané. 1ʳᵉ partie. Imprimerie Abou'z-Ziyâ. 1301. Prix : 5 piastres.

379. قواعد سليمية «Les règles de Sélim», principes élémentaires de la langue persane, par Ahmed Hamdi-Éfendi, président du conseil de censure au ministère de l'instruction publique. Chez Es'ad-Éfendi. 1299. Prix : 3 piastres 1/2.

380. كتاب الباكورة الشهية في نحو اللغة الانكليزية «Les prémices brillantes, grammaire de la langue anglaise», en arabe, suivi de المحاورة الانسية «La conversation familière», guide de la conversation en anglais et en arabe, par le directeur du journal *El-Djéwâïb* (Ahmed Fârès ech-Chidiaq). 330 pages. Imprimerie de l'*El-Djéwâïb*. 1300. Prix : 27 piastres.

381. كتاب معانى لهجه «Le livre des sens du lexique», dictionnaire turc-anglais de M. Redhouse, corrigé par feu Kéifi-Éfendi et publié par les missionnaires américains. 1re partie, contenant la première lettre de l'alphabet; 312 pages. Imprimerie Boyadjian. 1301.

382. حميديه كتبخانه‌سنده...... دفتريدر «Catalogue des livres actuellement renfermés dans la bibliothèque du sultan 'Abd-ul-Hamîd Ier, rédigé par les soins du Ministère de l'instruction publique. 152 pages. Imprimerie 'osmaniyyèh. 1300. Prix : 8 piastres.

Cette bibliothèque, située dans la *medrèsè* qui est aux environs de Baghtché-Qapoussou, a été fondée par 'Abd-ul-Hamîd Ier en 1194 de l'hégire (1780). — Ce catalogue est divisé par ordre de matières raisonné, et imprimé sur huit colonnes, qui indiquent le numéro d'ordre, le titre de l'ouvrage, le nombre de volumes, la langue et le genre d'écriture dans lesquels il est écrit, le nom de l'auteur, la date de sa mort de celui-ci et des observations.

383. كشف الأرب عن سرّ الأدب «Enlèvement du besoin, en ce qui concerne les mystères de la littérature», par le chéïkh Ibrâhîm-Éfendi, rédacteur du journal arabe *Themarât el-funoûn*. Beyrouth. 1299

384. كنه اللسان واسرار البيان «L'essence de la langue et les secrets de la rhétorique», par Mâdjid-pacha. 1299.

385. گنجينهٔ قواعد فارسى «Le trésor des règles persanes», grammaire de la langue iranienne moderne, en persan. Chez Arakel-Éfendi. 1299. Prix : 100 paras.

386. لاحقة نفحة الأدب «Complément des *Effluves littéraires*», sur la rédaction et la composition littéraire, par عزّت ('Izzet). 210-298 pages. Chez Qarabet-Éfendi; imprimerie Qanṭar frères. 1299.

Voyez ci-dessus, n° 368, et notre précédent article, 1882, n° 201.

387. لسان العرب «La langue des Arabes», dictionnaire arabe de Djémâl-eddîn Mohammed ben Mokarram-Ifrîqî. En cours de publication à l'imprimerie du gouvernement égyptien à Boulaq; 20 volumes. Le Caire. 1300. Prix, par souscription : 600 piastres.

Cf. Hadji-Khalfa, t. V, p. 310, n° 11096.

388. لغات اختری جديد «Nouveau dictionnaire arabe d'Akhtéri», entièrement refondu et disposé

d'après une nouvelle forme. Imprimerie ʿ*osmaniyyèh*. 1301. Prix : 20 piastres.

Pour les précédentes éditions, comparez les articles cités dans notre *Bibliographie ottomane*, 1882, n° 182.

389. لغات برهان «Dictionnaire persan» connu sous le nom de *Borhâni-Qâtiʿ* «La preuve décisive», traduction turque d'ʿÂçim-Éfendi. Imprimerie ʿ*osmaniyyèh*. 1301.

Sur les précédentes éditions de cet ouvrage, voyez Zenker *Bibliotheca orientalis*, t. I, p. 12, n° 68 et 69, où il faut lire Ahmed ʿÂçim-Éfendi au lieu de Ahmed Émîn (Comparez le *Âyînè-i Zurèfâ* de Djémâl-uddîn-Éfendi, fol. 36 v° de mon manuscrit).

390. لغت افعال فرانسوى «Dictionnaire des verbes français», par Sâlim-bey et Dikrân Çofyaliân-Éfendi 1301.

391. لغتجه «Petit dictionnaire français-turc», par Méhemet Châkir-pacha, général de brigade d'état-major attaché au 7ᵉ corps d'armée. Chez Séraflm-Éfendi; imprimerie Zellich. 1300. Prix, relié : 15 piastres.

Contenant les termes techniques des arts, de l'armée, de la littérature et de l'histoire.

392. لغت چغتاى وتركى عثمانى «Dictionnaire tchaghataï-turc osmanli», lexique turc-oriental expliqué en turc, par le chéïkh Suléïmân-Éfendi, Euzbeg de Bokhara. 1ᵉʳ volume, contenant le dictionnaire. Imprimerie Mihrân. 1300 (porte à tort la date de 1298).

Imprimé sur deux colonnes; contient des exemples

empruntés à des poètes inconnus de l'Asie centrale.

Voyez un article critique de M. Pavet de Courteille dans le *Journal asiatique*, août-octobre 1884, p. 370.

393. اللقيف فى كل معنى ظريف «Ce qui enveloppe toute pensée fraîche et nouvelle», recueil d'anecdotes et de pensées morales, par le directeur du journal *El-Djéwâïb* (Fârès ech-Chidiaq). 2ᵉ édition, revue sur le manuscrit original. Imprimerie de l'*El-Djéwâïb*. 1300. Prix : 12 piastres.

394. مبادئ تطبيقات فرانسوى «Principes de l'application de la grammaire française», d'après les *Exercices élémentaires* faisant suite à la grammaire de Chapsal, par Séraphin Laziân, chef de la comptabilité à l'Imprimerie impériale; in-8°, 198 pages. Chez Arakel-Éfendi; imprimerie Aramiân. 1300. Prix : 10 piastres.

Voyez plus loin, le n° 408.

395. مجموعة اللغات «Dictionnaire polyglotte turc, français, grec et arménien», par Terziân-Éfendi, professeur au lycée impérial de Galata-Séraï. 1299.

396. مدخل إنشا «Introduction à la composition littéraire», abrégé des règles de l'art d'écrire et de la rédaction, avec un précis historique, par Ahmed Hamdi-Éfendi, président de la commission des censeurs au ministère de l'instruction publique. 1300. Prix : 7 piastres 1/2.

397. مطول ترجمسى «Traduction turque du *Grand Commentaire*» de Sa'd-uddîn Mes'oûd ben 'Omar Taftazâni sur le *Telkhîç el-Miftâh*, traité de rhéto-

rique de Khâṭib Dimichq. Chez Djélîl-agha, à la Colonne brûlée (Stamboul). 1301. Prix : 60 piastres.

Voyez Hodji-Khalfa, t. V, p. 606, n° 12277, et t. II, p. 402 et 404, n° 3541; Zenker, *Bibliotheca orientalis*, t. I, p. 41, n° 329-330.

398. معلم «Le professeur», exposé concis des règles de la grammaire et de la conversation françaises, par Méhémet ʿÂkif-Éfendi, professeur de langue française à l'école de droit. Fasc. 1; 32 pages. Imprimerie Mihrân. 1299. Prix : 60 paras.

399. مفتاح لسان فرانسوى «La clef de la langue française», à l'usage des Ottomans; exercices élémentaires de lecture. Chez Arakel-Éfendi. 1301.

400. مفيد قواعد «Le livre aux règles instructives», grammaire abrégée de la langue persane, par le molla Huséïn Chéfîq-Éfendi, professeur de persan à l'école secondaire de Béchiktach. Chez Esʿad-Éfendi. 1300.

401. مقياس اللسان وقسطاس البيان «La mesure de la langue et la balance de la rhétorique», par feu ʿAbd-ur-Rahmân Hodja-Éfendi, professeur de turc à l'école militaire. Ouvrage posthume; grand in-8°; 185 pages. Chez Arakel-Éfendi. 1300. Prix : 1 medjidié.

402. مكتب سلطانى توزيع مكافات جدوليدر «Palmarès de la distribution des prix du lycée impérial de Galata-Séraï». Imprimerie d'Abou'z-Ziyâ. 1300.

403. مواضع «Les lieux communs», traité du choix et de l'emploi des mots فن وضع par Mouçṭafâ

Chevket ben 'Omar de Plevna. A l'usage des étudiants des *medresséhs*. 1301.

404. نو ایجاد الفبای فرانسوی «Alphabet français, d'après une méthode nouvellement inventée», application des principes de Régimbault à la langue turque. Chez Qarabet-Éfendi. 1299. Prix : 5 piastres.

405. نحو فرانسوی «Grammaire française» de M. Poitevin, traduite en turc par Réfîq-bey, chef de bataillon, professeur à l'école militaire; 400 pages. Imprimerie Mihrân. 1301. Prix : 15 piastres.

406. نفیعة فی علم الصرف العربی «L'enseignement utile, en ce qui concerne la grammaire arabe», paradigmes de la conjugaison et de la déclinaison; 2ᵉ partie, contenant les verbes; par Hadji Mouçtafâ Fèthî, ancien sous-directeur du lycée impérial de Galata-Séraï. En arabe; plaquette in-8° de 11 pages. Imprimerie Mahmoud-bey, sans date (paru en 1300) Prix : 20 paras.

407. نو اصول ترکچه فرانسزجه مکالمه «Nouveau guide de la conversation français-turc», par Hâfizh Sa'îd-Éfendi, capitaine d'état-major. Chez Sérafim-Éfendi; imprimerie Mihrân. 1301. Prix : 15 piastres.

408. یکی صرف ونحو فرانسوی «Nouvelle grammaire française», d'après Noël et Chapsal, adoptée par le conseil de l'instruction publique pour les écoles de l'enseignement supérieur. 3ᵉ partie, comprenant la syntaxe. 1300.

Voyez *Bibliographie ottomane*, 1882, n° 204.

6. PÉRIODIQUES.

409. الإنسان « L'Homme », revue périodique littéraire, en arabe, rédigée par Huséïn Husni-Éfendi. Paraissant tous les quinze jours. 1301.

410. انوار ذكا « Les lumières de l'esprit », revue bi-mensuelle politique, religieuse, etc., par Mouçtafâ Réchîd-bey. 1299-1301.

411. بهار « Le Printemps », revue périodique dirigée par Méhemet Tâhir-Éfendi; bi-mensuelle, illustrée. Chez Qarabet-Éfendi. 1300. Chaque numéro : 50 paras.

412. ترقّى معارف « Le progrès des sciences », périodique, rédigé par ط.....ت (Tal'at) bey et Riza-bey. 1300.

413. چوجقلره قرائت « Lectures pour les enfants », paraissant tous les quinze jours. 1299.

414. چوجقلرك جمعه گونی مكتبی « L'école du vendredi des enfants », contenant les préceptes et des instructions familières sur toutes sortes de sujets, et destinée aux enfants pendant les congés du vendredi et les vacances de l'été. 2 fascicules parus. 1299.

415. خاور « L'Orient », revue périodique, rédigée sous la direction d'Obéïdullah-Éfendi. 1301.

416. رهبر فنون « Le guide des sciences », revue scientifique paraissant deux fois par mois. Chez Es'ad-Éfendi. 1300. Prix de chaque livraison : 30 paras.

417. سُها «Soha» (nom d'une petite étoile sans éclat de la Grande-Ourse), revue périodique rédigée par Mohammed Khaïri, de Roustchouq, et Mu'allim Nâdji. 1300.

418. عالم «Le Monde», magasin illustré périodique; paraissant deux fois par mois. Chez Arakel-Éfendi. 1300. Prix du numéro : 3 piastres.

419. غنچهٔ ادب «Le bouton de rose de la littérature», revue littéraire et scientifique. Salonique. 1300. Prix du numéro : 2 piastres.

420. گونش «Le Soleil», revue périodique rédigée par Béchîr Fuâd-bey. 1301.

421. مجامع فنون «Les recueils scientifiques», revue scientifique et militaire Fascicules 1 à 10. 1300.

422. مجموعهٔ جدیده «Nouvelle revue» consacrée à des questions de jurisprudence religieuse non traitées dans les recueils de *fetvas* existants. Imprimerie d'Es'ad-Éfendi. 1299.

423. مجموعهٔ فنون عسکریه «Revue des sciences militaires», périodique. Par livraisons de 64 pages avec des suppléments. Numéros 1 à 3. 1299.

424. مدرسهٔ حقوق «L'école de droit», revue des questions juridiques, rédigée sous l'inspiration de Hasan Fehmi-Éfendi (aujourd'hui ministre de la justice). 1299.

425. مدرسهٔ فنون «L'école des arts», recueil bimensuel mi-turc, mi-arabe rédigé par Vehbî-Éfendi,

ancien rédacteur du journal officiel de la province du Yémen *Çan'd*. Par livraisons de 32 pages.

426. مرآت عالم «Le miroir du monde», revue illustrée, publiée sous la direction de Méhemet Féïzi-bey. Paraît tous les quinze jours. Imprimerie Maviân. 1299-1301. Prix de chaque numéro : 100 paras.

427. مصوّر تركستان «La Turquie illustrée», paraissant une fois par semaine. 1299. Par an : 2 livres turques.

428. مصوّر مشاهير عالم «Les hommes célèbres illustrés», paraissant périodiquement. 1299. Prix du numéro : 2 piastres.

429. مكتب «L'école», revue bi-mensuelle, relative à l'anatomie et autres sciences médicales, sous la direction de Méhemet Chems-uddîn, employé au service sanitaire. 1300.

430. نوروز «L'équinoxe du printemps», périodique littéraire. Chez Hadji-Riza Éfendi. 1301. Prix du numéro : 100 paras.

431. واسطهٔ ترقّى «L'intermédiaire du progrès», revue bi-mensuelle illustrée, à l'usage des enfants. 1299.

432. وقائع طبّيه «Annales de la médecine», périodique. 1299. Abonnement pour un an : 32 piastres.

PARIS,

ERNEST LEROUX, LIBRAIRE-ÉDITEUR,

RUE BONAPARTE, 28.

BIBLIOGRAPHIE OTTOMANE.

NOTICE

DES

LIVRES TURCS, ARABES ET PERSANS

IMPRIMÉS À CONSTANTINOPLE

DURANT LA PÉRIODE 1297-1298 DE L'HÉGIRE (1880-1881),

PAR

M. CLÉMENT HUART.

EXTRAIT DU JOURNAL ASIATIQUE.

PARIS.
IMPRIMERIE NATIONALE.

M DCCC LXXXII.

www.ingramcontent.com/pod-product-compliance
Ingram Content Group UK Ltd.
Pitfield, Milton Keynes, MK11 3LW, UK
UKHW020400230726
13925UKWH00003B/1196